MBTI 유형별
유튜브 콘텐츠
컨설턴트

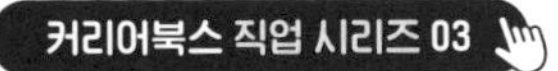

윤서영 지음

커리어북스
CAREER BOOKS

차례

내 유튜브 콘텐츠를 결정하는 것은?

코로나19 이후 유튜브 추이

MBTI 유형별 유튜브 컨설팅

프롤로그

유튜브는 이제 시작이다

알파 세대의 첫째인 2010년생이 올해 중학교에 입학했다. 지금까지 알파 세대는 그냥 '초딩이'었다. 그들은 이제 어엿한 10대가 되었다. 전형적인 유튜브 세대인 그들은 6년 후에 성인이 된다. 용돈을 쓰는 형태이든, 자신이 경제활동을 하든 어떤 형태로든 성인 소비자로 입문한다. 소비자층의 한 계층으로 알파 세대는 그들이 의도하든 의도하지 않든 간에 우리 사회의 경제적인 측면에 큰 변화가 줄 것이라는 점에 대해 전문가들은 대체로 동의한다. 오늘도 키가 쑥쑥 자라고, 이제 성인이 되려고 준비하는 아직은 귀여운 알파 세대를 응원하며 이 책을 시작한다.

영향력 있는 BJ, 유튜버를 꿈꾸다

필자의 유튜브 첫 책인 《영향력 있는 BJ, 유튜버를 꿈꾸다》는 2016년도 하반기에 나왔다. 그때만 해도 유튜브는 대중에게 낯선 채널이었다. 그보다 더 인기 있는 것은 아프리카 TV였고, 먹방이나 겜방, 톡방, 춤방이 대부분으로 구독자에게 별풍선을 받기 위해 일부 채널은 더 선정적이고 자극적인 소재에 치중하는 병폐를 안고 있었다. 그래서 어떻게 하면 선정적이지 않고 재미있는 콘셉트로 방송을 이끌어갈 수 있을까에 대한 나름의 고민을 정리했다.

첫 책으로 국방전직교육원에서 유튜브 e-러닝 과정을 개발하게 되어, 어떻게 연락하게 되었는지 담당자에게 물었다. 유튜브 관련 도서는 대부분 경험이나 어떻게 찍는지에 대한 기술적인 내용인데, 콘셉트나 주제 선정 등 이론을 다룬 책은 없었다는 것이다.

그래서 첫 책을 업그레이드하려 한다. 기존의 《성격검사(에니어그램)+적성검사(워크넷)》로 유튜브 주제나 콘셉트를 설정했던 내용을 이번 도서에서는 《성격검사(MBTI)+적성검사(다중지능검사, 워크넷)》로 업그레이드했다. MBTI에 MZ세대의 관심이 쏠려 있어 에니어그램에서 수정했다. 또한, 예체능 계열의 재능을 발휘하는 유튜버가 많은데, 기존 워크넷 적성검사는 예체능에 대한 재능 측정이 부족해서 이름은 지능검사이지만 적성검사로 많이 활용하는 다중지능검사를 넣었다. 오랜 시간 유튜브 두 번째 책을 준비한 만큼 많은 사람에게 도움이 되었으면 하는 바람이다.

알파 세대가 온다

2009년 겨울에 아이폰이 KT를 통해 처음으로 국내에 도입되었다. 당시 KT에 근무하던 나는 그 과정의 중심에 있었다. 그리고 기존 세대의 아이폰에 대한 반응도 경험했다. 아이폰을 들고 부산으로 내려갔을 때 부산 센터장은 '인터넷은 컴퓨터로 하는 것이지, 아이폰은 무슨?'의 반응이었다. 세상 쓸데없는 물건이라는 반응이었다.

그리고 이듬해에 나는 알파 세대의 첫째인 2010년생을 낳았다. 2~3년 후에 아들을 데리고 간 식당이나 카페에서 엄마들은 자연스럽게 자녀에게 스마트폰을 틀어주고 편히 식사하거나 담소를 나누었다. 불과 2~3년이 흘렀는데, 대중은 스마트폰을 자연스럽게 사용하고 있었다.

알파 세대는 X세대가 신문에 나온 TV 프로그램에 줄을 그어가며 그 시간을 기다려 봤듯이, 자연스럽게 스마트폰과 유튜브에 노출되었다. 이것은 가치관이나 세대 차이로 설명하기에는 한계가 있다. 사용하는 플랫폼이 다르니 사고를 처리하는 과정이나 방식도 다르고 습관도 다르다. 김난도 교수의 《2023 트렌드 코리아》에서 그래서 알파 세대는 기존의 A부터 Z까지 알파벳으로 분류했던 세대와 전혀 다른 α로 표기하기에 충분한 전혀 새로운 세대라고 소개한다.

아들이 어느 날 뽀로로 젓가락이 아닌 일반 젓가락으로 밥을 먹는다. 어디서 젓가락질을 배웠냐는 나의 질문에 아들은 환히 웃으며 "유튜브에서 배웠어! 젓가락질 치면 나와."라고 알려준다. 깜짝 놀랐다. 우리 세대의 검색창은 네이버나 다음인데 알파 세대 검색창은 유튜브인 것이다. 이제 알파 세대의 첫째인 2010년생이 중학생이 되었다. 그리고 그들이 주요 소비자층에 들어가기 시작하는 6년 뒤부터는 미디어의 판도가 뒤바뀔 것이다. MBC. SBS, KBS의 정규방송조차 유튜브에서 보는 알파 세대를 방송계에서도 대비해야 할 것이다.

알파 세대가 아니더라도 이미 유튜브는 코로나19로 인한 큰 변화를 한번 겪었다. 콘서트나 연극, 강의 등 대면하는 모든 플랫폼이 정지되고 이는 오롯이 유튜브로 흘러 들어갔다. 코로나19 이후에 유튜브는 콘서트장이 되고, 강연장이 되었으며, 친구와 이야기하는 만남의 장이 되기도 했다. 이제 메타버스와 AI까지 합쳐진 4차 혁명의 시대에 유튜브가 어떻게 변화될 것인지 그 성장의 끝은 가늠하기 어려워졌다. 앞으로 유튜브는 당신이 생각하는 만큼 이루어지는 상상이 실현되는 공간이 될 것이다.

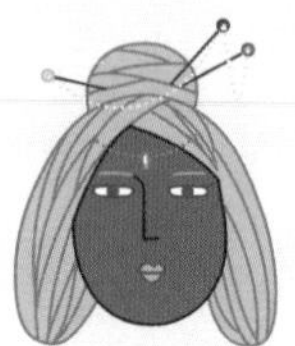

PART
1

내 유튜브 콘텐츠를 결정하는 것은?

멘사 코리아 회원
그리고 ENFP인 나의 직업

멘사 코리아 회원

이 책을 시작하기 전에 적성과 성격에 대한 예시로 나에 대해 이야기 하려 한다. 나는 멘사 코리아 회원이다. 심리학자 R. Cattell(1963)은 지능의 다양한 측면을 선천적 지능인 '유동적 지능'과 환경이나 경험, 문화적 영향에 의해 발달하는 후천적 지능인 '결정적 지능'으로 분류했다. 멘사 시험은 이 중 선천적 지능인 '유동적 지능'에 대한 평가라고 볼 수 있다. 대표적인 지능검사인 웩슬러 검사에서 '유동적 지능'과 '결정적 지능'의 합이 최우수에 해당하는 IQ 130 이상을 상위 2.2% 이내로 본다. 멘사는 '유동적 지능'에 대해 상위 2% 이내의 지능을 가진 사람이 가입할 수 있다. 나는 멘사 TEST 상위 1% 이내에 해당하는 IQ 156 이상이다.

전 과목 중 수학을 가장 잘했고 고등학교 3학년 모의고사에서 '수리 I' 최고 성적이 전국 8등이었다. 대부분의 모의고사에서 수학만큼은 반에서 1등, 전교 1등이었다. 그러나 내 친구들은 내가 이렇게까지 수학을 잘한 것을 모른다. 적당히가 아닌 월등히 뛰어난 나를 내세우고 싶지 않았다. 경쟁을 싫어하고 누군가를 이기려는 마음이 없던 나는 나를 평범하게 만들고 싶었다. 물론 지금 생각하면 너무 멍청한 생각이다. 그러나 그때는 수학만 전교 1등이나 전국 100등 안에 드는 것이 무슨 의미일까 싶었다.

자유로운 영혼 ENFP

그도 그럴 것이 말 그대로 나는 수학만 잘했다. 난 ENFP이다. 처음 MBTI를 접한 것은 대학교 1학년 때 상담 실습을 위해 방문한 서울의 가족상담실 어딘가였다. 반복되는 일을 싫어하고 싫은 일은 부모님께 끝까지 못 한다고 했던 거 같다. 결국 수학만 공부했던 나는 수학 선생님이 되라는 부모님과 담임 선생님의 권유를 뿌리치고 나만의 길을 갔다.

고객센터에 들어가 고객에게 말하는 스킬을 배웠고, 이후 팀장, 센터장이 되면서 여러 팀원 앞에서 말하게 되었다. 교육팀을 맡으며 교육하는 방법을 알게 된 나는 이후에 프리랜서 강사가 된다. 10대에 다 못한 공부를 하며 관련 학위를 땄고, 전문 분야의 책을 쓴다. 그리고 출판사를 설립했다. 강사로는 관련 분야의 e-러닝 과정 개발, 기업 교육, 컨설팅, 민간 자격증 운영의 업무를 하고, 출판사 대표로는 전자책, 오디오북, 제작지원 사업부터 계산서 발행까지 다양한 업무가 있다. 거기다 두 아이를 키우는 엄마이다. 1년 동안 내가 하는 일 중 같은 일은 거의 없다. 강의는 대상자에 따라 커리큘럼이 다르고, 출간 준비하는 책에 따라 내용과 디자인이 다르다.

그리고 ENFP는 즉흥적이다. 글이 잘 써진다면 글을 쓰고, 글이 떠오르지 않는 날은 다른 업무를 한다. 누군가가 직업에 대해 만족하냐고 묻는다면 40대 중반이 된 지금은 어느 정도 만족한다고 대답하겠다. 앞서 한 10년의 고생을 빼고 말한다면 말이다. 결국 나는 내가 잘하는 일 중 ENFP 성향의 일을 선택했다.

ENFP에서 ENTP로

여기에서 말하는 것은 내 인생 푸념이 아니다. 재능(지능)은 신이 주시지만, 결국 자기 성향(성격)대로 인생을 풀어간다는 점이다. 직업을 선택하고 일을 해나가는 주체는 나의 성향(성격)이다.

고등학교 3학년은 하루 종일 학교에 있다. 아침 자습 시간, 저녁 자습 시간도 모자라 미술, 체육, 가정 시간에도 자습한다. 하루 종일

앉아서 공부만 하라니 환장할 노릇이었다. 학교는 감옥 같았다. 그래서 대부분 시간을 소설책을 읽는 데 썼다. 중학교 3년, 고등학교 3년 동안 가방 안에는 소설 분야 베스트셀러가 들어있었다. 브론테 자매, 공지영, 신경숙 소설을 필사하며, 베르나르 베르베르, 무라카미 하루키의 책을 읽었다. 나는 소설 속 주인공과 상상 속에 있었다. 그 시절 교과서를 제외한 모든 활자를 읽는 활자 중독자였다.

그렇게 닥치는 대로 책을 읽던 나는 출판사 CEO와 작가의 두 직업을 모두 갖게 되었다. 그러나 앞에 말했듯이 10년 정도의 고생이 있었다. ENFP는 어렵거나 힘든 일의 포기가 빠르다. 돌이켜보면 내 인생에서 무엇을 위해 그렇게 노력해 본 적이 없었던 것 같다. 전문적인 일로 들어서며 ENFP의 가장 큰 단점인 실수가 생겼다. 강사가 준비물을 잊는 실수는 치명적이다. 출판사의 실수는 말할 것도 없다.

그렇게 실수를 분석한다. 강의 준비를 위한 체크리스트를 만들고, 출판을 위한 시기별 프로세스를 정립했다. 이것을 보완하며 업무를 키웠다. 그 결과, 전문가의 길로 들어서면서 발랄하고 희망찬 ENFP는 분석적이고 날카로운 ENTP로 변경되었다. 변하는 과정은 노력과 희생이 함께 한다. 그래서 공지영의 신간을 커피 마시며 한가롭게 읽을 욕구를 자제하고, 오늘도 유튜브 책을 쓰는 것일지도 모르겠다.

MBTI가 변한다는 것은 기존 MBTI의 단점을 내가 보완하기 시작했다는 증명이다. 그것이 내가 살아가는 데 불편함을 초래할 때 사람은 행동의 메커니즘을 변화시킨다. 이것은 MBTI가 부족해서가 아니라 내가 의식적으로 자기 행동을 변화했다는 것을 의미한다.

MBTI 성격 유형

좋은 성격, 나쁜 성격은 없다

MBTI 성격 유형

MBTI(Myers-Briggs Type Indicator)는 마이어스-브릭스 유형 지표로 심리학자 카를 구스타프 융(Carl Gustav Jung)의 분석심리학을 모델로 1944년 개발한 자기 보고형 성격검사이다. 두 개의 태도 지표(외향-내향, 판단-인식)와 두 개의 기능 지표(감각-직관, 사고-감정)에 대한 개인의 선호도를 밝혀 사람의 성격을 16가지 유형으로 분류한다. MBTI는 실제 심리상담에서 가장 많이 사용하는 성격 검사이기도 하다. 그만큼 과학적이라는 것을 의미한다.

한국은 MBTI에 과몰입된 걸까

MBTI에 대한 최근 기사 제목이다. 첫 유튜브 책을 쓸 시기에 과하게 음식을 쌓아놓고 먹는 행위를 《푸드 포르노》라 칭하며 비판하는 의견이 있었다. 인간의 감각 중 가장 큰 감각을 느끼는 것이 '손'과 '혀'이다. 그래서 내게 가장 좋은 감각을 주는 것이 손과 혀로 내가 좋아하는 음식을 먹는 것이다. 그렇게 자기에게 좋은 감각을 주던 우리는 갑자기 '나'에 대해서 몰입하기 시작한다.

한 심리학자가 며칠 전 라디오 프로그램에서 이런 말을 했다. 한국은 대부분 학창 시절부터 '성공'에 대해 집착하는 경향이 있다. 공부 잘하는 사람, 좋은 직장에 취직한 사람, 연봉이 높은 사람이 성공한 사람처럼 취급되는 이런 가치관이 자리 잡은 한국 사회의 7~80%는 히틀러의 '파시스트'와 같다고 표현했다. 또 MZ세대의 출산율이 저조한 이유를 묻는 설문조사에서 이런 경쟁사회에서 아이를 키우고 싶지 않다는 의견이 가장 많았다는 뉴스도 있었다.

지금까지 우리는 스스로를 계속해서 평가하고 경쟁하는 사회로 몰아세웠다. 그러다 놓친 것이 있었다. '지금 나는 행복한가?'이다. 인간의 마음과 몸은 하나인 것 같지만 그렇지 않다. 내 마음은 충분한 시간을 내어 들여다봐야 알 수 있는 '또 다른 나'이다. 그렇게 내게 좋은 감각(맛있는 음식)을 주는 것으로 행복을 조금씩 찾기 시작한 우리는 이제 진정한 행복에 대해 갈망하기 시작했다. 그것의 첫 스타트가

'나는 누구인가?'이다. 보통 사춘기에 고민해야 하는 것을 경쟁사회의 분주함 속에서 인제야 찾기 시작한 것이다. '나는 어떤 사람인가?', '나는 무엇을 좋아하는가?', '나는 어떨 때 행복한가?'

이것이 MBTI에 집중하는 이유라고 생각한다. 필자는 그것이 과몰입이라고 생각하지 않는다. 이제 OECD 국가 중 행복도가 가장 낮고, 자살률이 가장 높은 나라라는 오명을 벗을 때도 되지 않았는가? 그러나 주의할 것은 자신을 MBTI의 틀에 갇히게 하지 않는 것이다. 필자의 MBTI가 변했듯이 독자도 유연성 있게 자기 MBTI를 바라보기를 바란다.

좋은 성격, 나쁜 성격은 없다

필자가 커뮤니케이션 강의에서 가장 많이 사용하는 것이 성격검사이다. 성격(성향)에 따라 상황을 판단하는 방법이 다르고, 해석하는 주관이 다르기 때문이다. 누가 틀리고 누가 맞는 것은 없다.

이해를 돕고자 예를 들어보겠다. A는 자신의 장점을 '추진력이 있다'라고 적고, B는 자신의 장점을 '신중하다'라고 적었다. A와 B가 적은 것은 모두 장점이 될 수 있을까? 보통 자기 성향에서 장점, 단점이라고 생각하는 것은 자신이 겪은 에피소드와 연관되어 있다. A는 빠르게 일이나 업무를 처리했을 경우 칭찬이나 이득을 얻은 경험이 있을 것이다. B도 마찬가지로 신중하게 처리했을 경우 칭찬이나 이득을 얻은 경험이 있어 자신의 장점으로 생각하게 되었을 것이다. 괄목할 만한 것은 A와 B가 정반대의 개념을 서로의 장점으로 생각한다는 점이다.

그렇다면 단점은 어떨까? C는 자신의 단점을 '경솔하다'라고 적고, D는 자신의 단점을 '우유부단하다'라고 적었다. 이쯤에서 우리는 고민할 필요가 있다. 누군가가 일을 빠르게 처리했다면 그는 추진력이 있는 것일까? 경솔한 것일까? 또, 누군가가 일을 늦게 처리한다면 그는 신중한 것일까? 우유부단할 것일까?

이것의 답은 사례 별(Case by Case)로 다르지 않다. 이 모든 것이 나의 성격이다. 그것이 어떤 상황에서는 추진력이 있어 보이고, 다른 상황에서는 경솔해 보일 수 있다. 마찬가지로 어떤 상황에서는 신중해 보이며, 다른 상황에서는 우유부단해 보이는 것이다. 그래서 커뮤니케이션 강의의 마지막에는 늘 이렇게 말한다. 좋은 성격, 나쁜 성격은 없다. 그냥 그것이 나이고, 다른 사람과 다른 점이다. 그래서 나는 나를 알 필요가 있다. 그래야 나를 존중하고 타인의 다름을 인정할 수 있기 때문이다.

지름길을 알려주는 적성검사

다중지능검사

지름길을 알려주는 적성검사

필자의 적성검사 최상 항목은 수리력, 추리력, 언어력, 사고 유창성, 집중력, 공간지각력이다. 최적합 직업군으로는 물리/화학/생물 전문가, 조정 관련 직업, 측량 및 토목 기술자가 나왔다. 사물을 자세히 관찰하고 분석해서 그를 토대로 전문가적 판단을 내리는 직업이다. 다음으로 적합한 직업은 기자 및 작가, 인터넷 관련 전문가, 컴퓨터 프로그래머 등이 나왔다. 인터넷 관련 정보를 언어로 표현하는 직업이 주를 이룬다.

적성검사나 성격검사는 간혹 우리를 놀라게 한다. 이렇게 유튜브 책을 집필하는 것이 우연은 아닌 것 같으니 말이다. 적성은 내가 '무엇에 꽂힐 수 있는지'에 관한 지름길을 알려주는 역할을 하며, '내가 모르는 나'를 알려준다. 필자는 적성검사 중 '색채지각력' 검사가 가장 쉬웠다. 두 가지 색을 보여주고 그것을 섞은 색상을 고르는 것이다. 적성검사 중 가장 빠른 시간에 답했다. 어려움 없이 검사한 나는 결과를 보고 깜짝 놀랐다. 대부분 결괏값이 '최상'이나 '상'이었으나 '색채 지각력'은 '하'였기 때문이다. 당시에는 몰랐다. '색채 감각이 떨어지나?'하고 지나쳐 버렸다. 그러다 이번 책을 쓰면서 떠올랐다. 필자의 아버지는 색약이다. 아버지는 이것을 모르고 건축학과 시험을 봤다가 떨어져 낙심한 적이 있다고 하셨다. 색맹과 다르게 색약은 본인이 감지하기 어렵다. 아버지는 작은 빨간색과 초록색 점들이 섞여 있을 때 구분하지 못하는 적록색약이다. 6.25에 태어난 아버지가 빨간색과 초록색을 섞어놓고 볼 일이 있었을까 싶다.

유전자의 힘은 강하다. 수학을 학교에서 제일 잘하셨다는 아버지는 멘사 지능을 주셨지만, 낮은 색채감각도 함께 주셨다. 그러니 내가 부모님께 받은 달란트가 무엇인지 정확하게 아는 것은 중요하다. 다시 말하지만, 적성(재능)은 남보다 더 쉽게 그 길을 가는 지름길이다.

예술적 감각을 측정하는 다중지능검사

그러나 워크넷 적성검사는 예술 능력을 측정하기 힘든 한계가 있다.

유튜버에게 필요한 예술적 감각에 대한 평가가 부족하다는 점이다. 그래서 다중지능검사(Multiple Intelligence Scales)를 소개하려고 한다. 인간의 지능이 언어, 음악, 논리수학, 공간, 신체운동, 대인관계, 자기이해, 자연탐구 지능의 독립된 8개 영역의 지능으로 구성되어 있어 다양한 지능의 조합으로 수많은 재능이 발현된다는 하워드 가드너(Howard Gardner)의 다중지능이론에 기초해 만들어진 지능검사이다. 현재 언어 지능, 논리수학 지능, 시각공간 지능, 신체운동 지능, 음악 지능, 대인관계 지능, 자기성찰 지능, 자연탐구 지능 항목으로 분류한 MIQ 다중지능검사(Multiple Intelligences Questionnaire)의 표준화 검사가 있다.

웩슬러 지능검사와 달리 이 검사는 다중지능 프로파일을 통해 자신의 강점 지능과 약점 지능이 무엇인지 확인하고 적합한 진로를 탐색하는 데 지능을 측정한다기보다 적성을 확인한다고 표현하는 것이 더 적합하다는 학자들의 의견이 있으며 그 이유는 다음과 같다.

① 음악적 지능이나 신체운동 지능은 기존에는 지능이라기보다 재능, 소질, 적성 등으로 분류하기 때문이다.
② 지능 개념을 객관적 요인이 아닌 주관적 기준으로 분류했다는 점이다.
③ 실험적 검증을 거치지 않았다.
④ 다중지능이론의 항목은 각각 독립적이 아닌 위계적이라는 것이다.

실제로 다수의 연구에서 자연탐구 지능 항목이 높은 사람은 자기

성찰 지능도 높은 경향성을 보였다. 동·식물의 행동이나 상태를 관찰하고 그것을 인지하는 능력을 지닌 사람은 자기 내면도 잘 들여다보는 경향을 보인다는 것은 매우 흥미로운 사실이 아닐 수 없다.

이 책에서 다중지능검사가 지능검사인지 적성검사인지에 관해서는 논하지 않으려고 한다. 다만 지능이 아닌 적성검사의 하나로 활용했으면 하는 의견으로 소개하니 참고하기를 바란다. 유튜버로서 자신의 예술적 재능을 측정하고 싶다면 다중지능검사를 추천한다. 당신이 유튜브 세상에서 자유롭게 춤추고 싶다면 다중지능검사를 통해 자기 재능의 다양한 측면을 살펴보기를 권한다. 내겐 나도 모르는 다양한 숨겨진 보석이 있다. 그것을 자세히 들여다보고 갈고닦는 것은 나의 몫이다.

TIP

* 워크넷의 직업심리검사를 활용하자!

워크넷의 '성인용 직업심리검사'는 약 90분 정도의 시간이 소요되며, 지필검사가 함께 시행되어 프린터가 필요하니 참고하자! 언어력, 수리력, 추리력, 사물지각력, 상황판단력, 기계능력, 집중력, 색채지각력, 사고유창력, 협응능력, 공간지각력의 11개로 이루어진 다양한 항목으로 나의 재능을 최상, 상, 중상, 중하, 하, 최하의 6개 항목으로 판단하고 추천 직업을 알아본다.

PART
2

코로나19 이후 유튜브 추이

코로나19 이후
최근 유튜브 추이

Gig worker

코로나19는 유튜브와 OTT 시장을 강화하는 역할을 톡톡히 했다. 대면 서비스가 중단된 시기에 강의나 공연, 교육 분야의 기회가 인터넷으로 쏠렸다. 그동안 제한적으로 유튜브를 사용하던 추세에서 모든 업종으로 유튜브가 확장되는 역할을 코로나19가 한 셈이다. 이것은 '경험'의 의미가 얼마나 중요한지 여실히 보여주는 사례가 되었다. 공개 강의가 줌(zoom)으로도 가능하지만, '강의는 얼굴 보고 들어야지!' 라는 대중의 가치관이 코로나19로 줌 강의를 경험한 이후에는 '줌 강의도 괜찮지!'로 변한 것이다.

이러한 대중의 경험으로 일회성 노동을 의미하는 Gig worker(긱 노동)는 유튜브에도 적용되기 시작한다. Gig worker란 '크몽' 같은 디지털 플랫폼을 통해 단기로 계약하고 자신의 디자인·IT·편집·마케팅 등의 기술로 일회성 수익을 창출하는 것을 의미한다. 과거에 유튜버를 전업의 개념으로 접근했다면, 코로나19 이후로는 임시직인 Gig의 개념이 더 강화되었다. Gig worker의 개념으로 유튜브를 바라보면, 시청자는 일회성으로 나의 플랫폼을 구매하는 구매자인 셈이다. 공연하지 못하는 가수나 개그맨, 연극배우, 강의하지 못하는 강사, 교수, 전문가 등 직업적으로 공백을 갖게 된 이들이 어떤 형태로든 유튜브로 스며들었다. 다만, 유튜브가 '크몽' 같은 디지털 플랫폼과 다른 것은 정보나 기술뿐 아니라 흥미·기분·분위기 등 정서적인 측면으로도 수익 창출이 가능하다는 점이다. 또 디지털 플랫폼은 업무 시작 전에 비용이 책정되어 받을 대가를 인지하지만, 유튜브는 생각보다 수익이 미비할 수 있다는 점이다.

필자도 아이들과 함께 칩거하던 시기에 첫 책을 홍보하는 '레고 스톱모션'을 만들었다. 코로나19로 아이들과 함께 집에 있으며 할 것을 찾던 중 그냥 찍어봤다. 이처럼 아이들과 함께, 심심해서, 그냥 등의 이유로 많은 사람이 유튜브로 흘러든다. 그리고 어쩌다 올린 영상이 좋은 반응을 얻었다면 계속하지 않았을까?

코로나19가 처음에는 단기로 끝날 것이라 기대하고 있었기 때문에 더 그랬다. 더 편안하게, 일상적으로, 더 친근하게 접근하는 채널이 증가한다. 과거에 특정한 사람만이 유튜브 채널을 운영했다면 이제는 누구나 유튜버가 되어도 이상하지 않은 시대가 되었다는 의미이기도 하며, 이처럼 유튜브는 규모뿐 아니라 대중의 인식도 확장되었다.

과거에는 영상의 주제와 콘셉트가 흥미 있으면 시청자가 영상을 클릭해서 시청하는 구조였다. 그래서 조회수와 좋아요의 차이가 유의미했다. 쉽게 말해 주제와 콘셉트가 어느 정도 시청자의 입맛에 맞아 '조회수'가 늘었으나 '좋아요' 횟수가 적다면 고민하고 수정하는 작업이 필요했다. 그러나 최근 유튜브나 인스타그램의 추세는 달라졌다.

Shot

하나는 세대가 내려갈수록 내용과 관계없이 더 짧은 영상을 선호한다는 것이다. 알파 세대가 그렇다. 알파 세대는 우리나라에 스마트폰이 들어오고 태어났다. 그들은 식당에서 칭얼대면 스마트폰으로 뽀로로를 볼 수 있었다. 유아기부터 자연스럽게 스마트폰을 터치하며 자란 그들은 채널권(터치 권한)이 자기에게 있지 않은 상황에 대해 참을성이 없다. 흥미가 2~3초 이내에 사라진다면 채널을 돌려야 한다.

그들의 영상 집중력은 알파라고 불릴 만큼 새롭게 짧다. 알파 세대는 대부분 Shot으로 영상을 시청한다. 흥미가 없으면 패스하고 흥미 있는 영상은 긴 영상으로 찾아본다. 알파 세대의 영상 시청 시간은 평균 10초를 넘기지 못한다. 2~3초 이내에 그들의 흥미를 잡지 못했다면 '패스'다.

이렇게 집중시간이 짧아지는 것에 대한 전문가의 우려하는 목소리가 있다. 그러나 이것이 시대의 대세다. 흐름을 누가 바꾸겠는가? 이것이 무릇 알파 세대만의 특징이겠는가? 필자도 한 프로그램에서 특정 연예인의 장면만 편집된 영상을 시청한다. 이제 시청자는 원하지 않는 방송을 단 1초도 보지 않을 수 있는 권리가 있다. 그 권리가 Shot 영상의 즐김으로 드러날 뿐이다.

Random

또 하나는 주제의 경계가 무너지고 있다는 점이다. Shot 영상이 대세인 요즘 과거에 시청한 영상의 카테고리(주제) 안에서 제한적으로 재생되지 않는다. 물론 큰 카테고리는 내가 선택하지만, 영상 하나하나는 '랜덤'인 셈이다. 시청자로 하여금 계속해서 흥미로운 영상을 찾아 헤맬 수 있게 구조가 바뀌었다.

그러니 요리, 사업, 부동산, 먹방 등 주제를 선택해 해당 주제에 관심 있는 구독자만 시청하던 시대는 지났다. 과거에 유튜브 채널 안에 주제가 명확히 보이게 소제목으로 영상을 분류했다면 지금은 긴 영상과 Shot을 구분할 뿐이다. 이 내용은 백종원의 유튜브 채널로 뒤에서 더 상세히 설명하겠다.

Sensitive to trends

동영상의 주제는 모호해지고 있지만, 트렌드에는 더 민감해지고 있다. 앞에서 설명한 'Shot'와 'Random' 또한 유튜브의 트렌드 중 하나이다. 대형 기획사와 유명 연예인이 유튜브에 발을 들이며 트렌드를 주도하는 파워는 더 커졌다. 트렌드가 캐치되면 일파만파 또 다른 영상에 반영된다.

챌린지(challenge)가 그 예시이다. 챌린지가 누군가의 시작으로 타 채널로 퍼지는 현상은 어떻게 보면 X세대가 1990년대에 PC 통신으로 대화를 나누었듯이 개인 의사를 표현하고 답하는 형태로도 볼 수 있다. 그것이 대화체가 아니고 시청자에게 모든 것이 오픈된다는 점이 PC통신과 다를 뿐이다.

Infinity

유튜브의 성장 가능성이 무한대라는 말에 대해서 대중은 공감할 것이다. 그러나 여기에서 중요한 것은 이 무한대의 성장범위를 우리도 경험한 적이 없다는 것이다. 인터넷(Explorer)이 나오기 전에 인터넷이 있는 사회의 변화를 예측하거나 스마트폰이 나오기 전에 스마트폰으로 가능한 변수를 예측하는 것과 같다. 우리의 지식과 인식의 시점이 현재에 있는 한 무한한 성장 범위를 정확하게 예측할 수는 없다. 코로나19로 성장범위를 한층 업그레이드한 유튜브는 여러 명의 개인 목소리를 믹스해 너무나 아름다운 합창단을 만드는 것을 보여줬다. 반대로 한 사람의 목소리로 합창단을 만들기도 한다.

이제 유튜브는 4차 산업혁명의 시대에 사람의 이미지와 목소리를 조합하는 인공지능과 가상공간의 메타버스를 더해 더욱 무한의 힘을 가지게 되었다. 성장의 힘이 어디까지 닿을지는 상상의 한계에 맡긴다. 이것은 실로 우리가 이전에 경험한 인터넷이나 스마트폰을 넘어설 것이다.

One Voice Children's Choir Cover

유튜브 채널 분석

백종원 채널

2020년부터 지켜본 채널 《백종원》은 570만 명의 유튜버로 변모했다. 《백종원의 요리비결》을 선보일 때만 해도 백종원의 성공담과 함께 '그가 만든 음식은 무엇이 특별할까?'에 관심이 쏠렸다. 당시 《백종원의 골목식당》이 인기를 끌었고, 그의 장사 비결을 오픈한 《장사 이야기》는 자영업자들 사이에서 희망의 불빛으로 여겨졌다. 《백종원의 레시피》에서 선보이는 간단하고도 맛있는 백종원의 레시피는 요리 블로거들 사이에서 '따라 하는 레시피'로 사랑받았다. 어디서도 보지 못했던 《대용량 레시피》는 대량 음식을 먹는 먹방처럼 대량 음식이 만들어지는 과정을 시청하는 것에서 오는 일종의 희열감을 선사해 폭발적인 조회수를 만들어 냈다.

그 사이 무엇이 바뀌었을까? 백종원은 더 이상 《백종원의 요리비결》이라는 채널명을 고수할 필요가 없어졌다. 백종원! 그 이름 석 자가 브랜드가 되었다. 상품명 앞에 그의 이름이 붙으면 그 자체가 브랜드가 되었다. 이를 반영하듯 채널 이름은 《백종원》으로 변경되었으며, 《스트리트 푸드 파이터》 등 다양한 프로그램에 출연하며 그가 먹는 음식의 역사와 정보를 알려주는 것에 시청자의 호응이 크다는 것을 알게 되었다. 그것은 단순히 정보라기보다 그냥 편안한 옆집 아저씨와 같은 이미지의 그와 함께하는 자체를 즐기게 된 것이다. 그래서 쉽게 접할 수 있으며 부담스럽지 않은 '시장'의 이미지로 소제목을 변경한다. 《백종원 시장이 되다》, 《님아 그 시장을 가오》의 소제목이 그것이다. 또 《대용량 레시피》를 모티브로 정규방송 《백패커》가 만들어진다. 이것은 대용량으로 음식이 만들어지는 과정을 신기하고 흥미롭게 바라보는 시청자의 욕구를 담아 많은 인원에게 급식을 제공하는 형태로 응용했다. 이처럼 그동안 백종원 채널은 인기 방송을 유튜브에 적용하고, 인기 유튜브 영상을 방송에 접목하는 등 다양한 형태로 발전했다.

콘셉트는 분위기

이 책의 전반에 언급하는 유튜브 콘텐츠의 콘셉트는 분위기이다. 채널명을 변경하는 것만으로도 콘셉트는 변할 수 있다. 책을 편집할 때

2020 vs 2023 백종원 채널 변화

	2020	2023
채널명	백종원의 요리비결	백종원
소제목	백종원의 레시피 백종원의 쿠킹로그 대용량 레시피 장사 이야기	백종원 시장이 되다 님아 그 시장을 가오 백종원의 쿠킹로그 배고파 MZ들이 장사하는 세상 김치월드 Shots 번외편

도 같은 내용으로 목차의 순서나 내용을 변경하는 것만으로 자기계발서에서 실용서로 변경할 수 있다. 이렇게 책의 제목이나 목차는 매우 중요하다. 백종원 유튜브 채널의 소제목이 어떻게 변경되었는지 살펴보면 이 채널의 콘셉트가 어떻게 변경되었는지 알 수 있다. 2020년도의 소제목은 '백종원의 레시피', '백종원의 쿠킹로그', '대용량 레시피', '장사 이야기'이다. 모두 제목만 보고도 영상이 어떤 내용인지 추측할 수 있도록 소제목을 정했다. 그러나 2023년의 소제목은 변경되었다. '백종원의 쿠킹로그', 'MZ들이 장사하는 세상', 'Shots'를 제외하고는 어떤 내용인지 가늠하기 어렵다. Shots 영상은 백종원 채널도 피할 수 없었나 보다.

그렇다면 콘셉트는 어떻게 변화되었나? 백종원 씨의 편안한 옆집 아저씨 이미지를 소제목에서도 느낄 수 있도록 변경했다. '장사'가 들어가는 소제목을 유지하는 것은 기업가의 영상도 유지하며, '배고파'

는 편안하게 연출하는 먹방도 가능하게 한다. 이처럼 다재다능한 그의 재능에 맞게 다양한 콘셉트로 요리하고, 정보를 알리며, 일상을 공개하는 영상과 함께 더본코리아 계열의 매장이나 장사 관련 영상도 올리는 등 《백종원》 채널은 시청자가 좋아하는 트렌드에 맞게 변화했다.

콘셉트를 형용사로

분위기의 표현이 어렵기 때문에 이 책에서는 형용사나 단어로 표현하고자 한다. 인터넷 사전에 단어를 검색하면 비슷한 의미의 낱말이 함께 출력된다. 이는 해당 단어의 의미를 좀 더 정확하게 이해하는 데 도움이 된다. 이런 의미로 해당 유튜브 채널의 콘셉트(분위기)를 표현하는 형용사를 마인드맵으로 나열해서 해당 채널의 콘셉트를 형상화하는 데 도움을 주고자 한다. 독자의 성향에 따라 누군가는 한 번에 이해할 수 있고 누군가는 어려울 수 있다. 그래서 마지막에 《유튜버 성장 일기》를 넣어 연습하도록 준비했으니 활용하자!

유튜브 분석 사이트

채널 분석

첫 책에서 당시 유튜브 채널의 구독자, 좋아요, 조회수를 비교해 해당 영상을 본 시청자가 얼마나 공감하고 좋아했는가를 엑셀 표로 분석했다. 7년의 세월이 흐르면서 유튜브가 성장한 만큼 유튜버 분석 사이트도 생겼다. 이제 당신은 클릭만으로 해당 유튜버의 순위와 평균 조회수 순위, 구독자 급상승 순위, 30일 누적 조회수 순위 등을 한 번에 조회할 수 있다. 이것이 끝이 아니다. 구독자의 구독 취소 순위까지 나타나니 실로 잔인한 세상이지 않을 수 없다. 게임 구독자, 뷰티 구독자 등 분야별 구독자 급상승 순위, 슈퍼챗 랭킹도 알 수 있다.

이러한 데이터는 과거에 구독자 수로만 판단했던 유튜버에 대한 평가에 대해 얼마나 많은 구독자와 함께 공감하고 대화하는가, 영상을 본 시청자가 얼마나 그 영상을 좋아했는가(좋아요), 얼마나 많은 시청자가 사이트를 떠났는가 등을 종합해 해당 유튜브 채널의 평판을 실시간으로 판단하고 정보를 습득할 수 있다.

이는 시청자에게는 매우 좋은 정보일지 모르지만, 유튜버에게는 자기 평가의 민감도를 높일 수 있다는 측면에서 우려스럽다. 모든 것이 오픈되고 공유되는 세상이다. 당신이 유튜버가 된다면 연예인처럼 자신이 오픈한 일정 부분에 대한 평가와 비판이 함께 한다는 것을 기억하자!

influencer

《influencer》는 구독자 순, 급상승 순, 평균 조회수 순, NoxScore 순, 하락세 순, 월 조회수 순의 Top 100 유튜버 순위를 제공한다. 또한, 한국, 일본, 미국, 영국, 인도네시아의 동영상 랭킹과 함께 인기 유튜브의 카테고리도 제공한다. 이외에도 유튜브 채널 예상 수입, 동영상 분석하기, 유튜버 비교하기, 실시간 구독자 수 등 다양한 정보가 있으며 마케팅 서비스도 함께 제공한다.

'동영상 분석하기'에는 조회수나 댓글 수, 좋아요 클릭 비율, 구독자 조회비율, 구독자 참여율, 동영상 예상 가치를 보여준다. 필자가 재미로 제작한 스톱모션 영상의 예상 가치를 조회하니 4.2만~7.66만으로 조회되었다. 이 외에 태그도 함께 보여주니 참고하자!

https://kr.noxinfluencer.com

PLAYBOARD

《PLAYBOARD》는 슈퍼챗 순위, 라이브 시청자 순위, 인기 순위, 구독자 급상승 순위를 제공하며, 최다 조회 영상, 최다 조회 광고도 제공한다. 이외에 먹방, 주식 투자, 애견인, 캠핑, 냥집사, 요리, 홈트레이닝, 패션, 커버 댄스, 룩북, 보디빌딩, 메이크업, 베이킹, 트럭커, 스니커즈 등의 다양한 주제의 일간, 주간 순위를 보여준다. 대형 엔터테인먼트 회사와 정규방송 채널이 유튜브에 진출하며 대부분 인기 순위를 점령한 것도 볼 수 있다.

https://playboard.co

vling

《vling》은 메인화면에 '가성비 높은 유튜버를 찾고 있나요?'라는 문구가 있다. 물론 타 사이트도 광고주와 유튜버를 연결하는 기능을 가진다. 또한 해당 제품에 관심 있는 구독자를 보유한 채널을 추천하는 기능도 있다. 유튜브 순위나 랭킹이 메인은 아니니 참고하자!

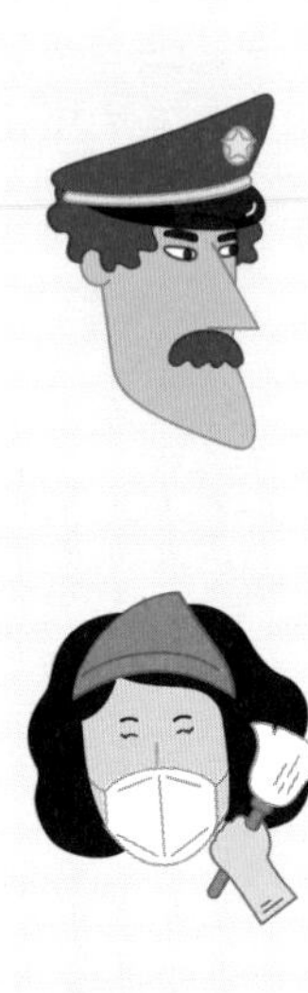

PART
3

MBTI 유형별 유튜브 컨설팅

ESTP

활기찬 여행가

ESTP 성격 콘셉트

즐거운

예술적인

짧고 굵게

현재에 집중하는

다루는 스킬이 능숙한

모험적인

멋쟁이

갈등 해소

ESTP 유형의 특징

> ESTP는 먼저 행동하고
> 나중에 생각하는 유형으로
> 일단 'GO' 한다.

이들의 초점은 미래, 현재, 과거 중 '현재'에 맞추어진다. 먼저 행동하고 나중에 생각하는 ESTP는 일단 'GO!' 한다. 이런 특징 때문에 소방관이나 경찰관, 운동선수처럼 몸을 움직이는 직업을 선호하는 경향이 있다. 또한 개방적이며 예술적인 멋과 감각이 있으며 타고난 재치까지 겸비해 삶 자체를 즐기며 살아가려고 한다. ESTP의 캐릭터는 이런 특성에 맞추어 활발한 여행 유튜버로 그렸다. 현재의 행복과 즐거움을 추구하는 ESTP는 타인과의 갈등 상황에서 중재하는데 뛰어난 능력이 있다. 예술성이 있고 멋쟁이가 많다. 손을 이용해 다루는 기술에 능숙한 편이라 이를 활용한 직업이나 취미생활을 즐긴다.

※ 좋고 나쁜 성격은 없다. 이 설명은 해당 유형의 특징이며, 장단점을 의미하는 것이 아님을 참고하자!

강점

ESTP는 조직의 선두에서 움직이기도 한다. 먼저 행동하고 갈등을 중재하는 유연한 사고방식의 강점은 리더로 활동하기에 충분히 필요한 면모이기도 하다. 또한, 오감에 집중해서 손으로 하는 작업을 좋아해서 손재주가 좋은 사람이 많다. 뛰어난 관찰력과 손재주가 만나 기술을 이용하는 직업에도 어울린다. 이러한 특징 때문에 자신이 변화시킬 대상(만드는 제품)이 있는 경우에 더 높은 성과를 나타낸다. 또한 어떤 것을 배우며 습득하기보다 바로 경험하는 방식을 선호한다.

약점

오감과 현재에 집중하는 ESTP는 추상적인 개념이나 아이디어에는 흥미를 느끼지 못한다. 타인의 감정이나 상황에 민감하지 못한 편이며 행동하고 난 이후에 생각하는 습관은 타인으로부터 신중하지 못하다는 평가를 들을 수 있다. 이런 성향은 조직 생활에서 실수를 유발할 수 있는데, ESTP가 완벽보다 경험을 중시하기 때문이다. 이런 단점을 보완하기 위해 어떤 일을 수행하기 전에 방법과 시간에 대한 계획을 수립하는 것을 연습하면 좋다. 또한 늘 즐거움을 추구하는 성향은 진지한 대화에 집중하기 어려울 수 있다.

ESTP가 적응하기 쉬운 직업

활동적인 직업인 소방관, 경찰관, 운동선수, 개인 트레이너, 교도관
모험과 흥분을 느낄 수 있는 주식 중개인, 투자가, 예산 분석가
삶을 즐김과 동시에 활동적인 여행 가이드, 기자, 캐스터, 심판, 연예인
자기 감각과 손재주를 뽐낼 수 있는 요리사, 엔지니어, 기술자
자연을 즐기면서 자신만의 기술이 필요한 사진작가, 생물학자, 조경사

이 외에
경영 컨설턴트, 기업가와 같은 운영에도 소질이 있다.

위와 같이
손재주와 눈썰미, 경험 등 ESTP의 주기능인 감각을 주로 사용하는 직업을 선호하며 재미와 즐거움을 추구하는 성향은 엔터테인먼트와 스포츠 분야에서 특출난 재능을 뽐낼 수 있다. 이처럼 재주가 많고 활발한 ESTP라면 어느 직업에서든 만족감을 얻을 수 있을 것이다.

※ 모든 성격유형은 모든 직업에 어울린다. 해당 유형의 특징과 장단점으로 적응하기 더 쉽거나 선호하는 직업을 나열한 것이니 참고하자!

ESTP 유튜브에 적용 가능한 능력

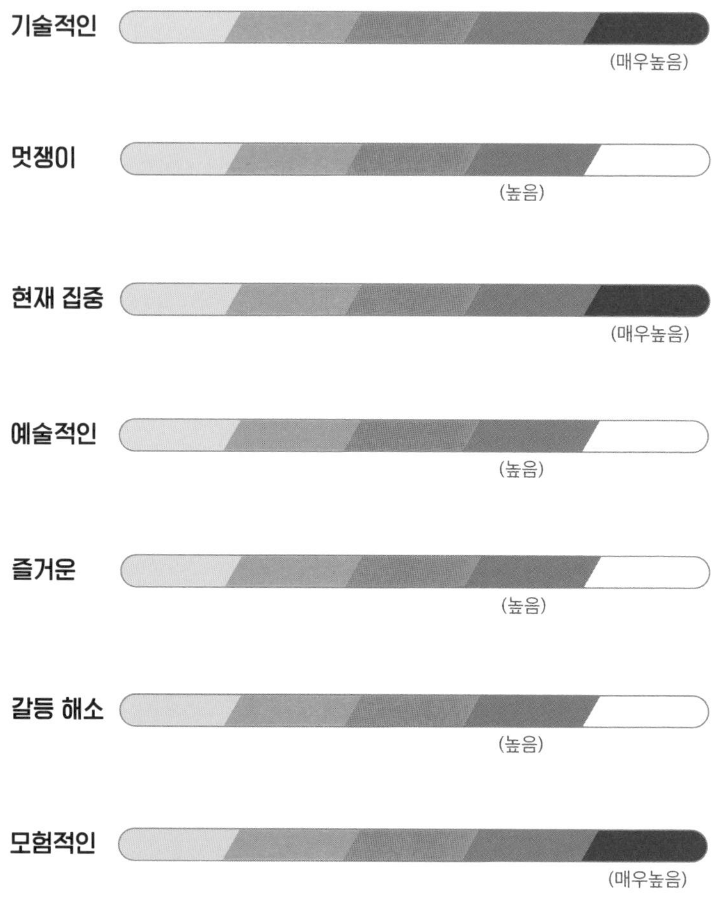

※ 모든 성격의 특징은 유튜브 콘셉트에 적용할 수 있다. 위 내용을 참고해서 유튜브 콘텐츠를 만들 때 항목을 추가하거나 삭제하자!

ESTP 유튜브 콘셉트 예시

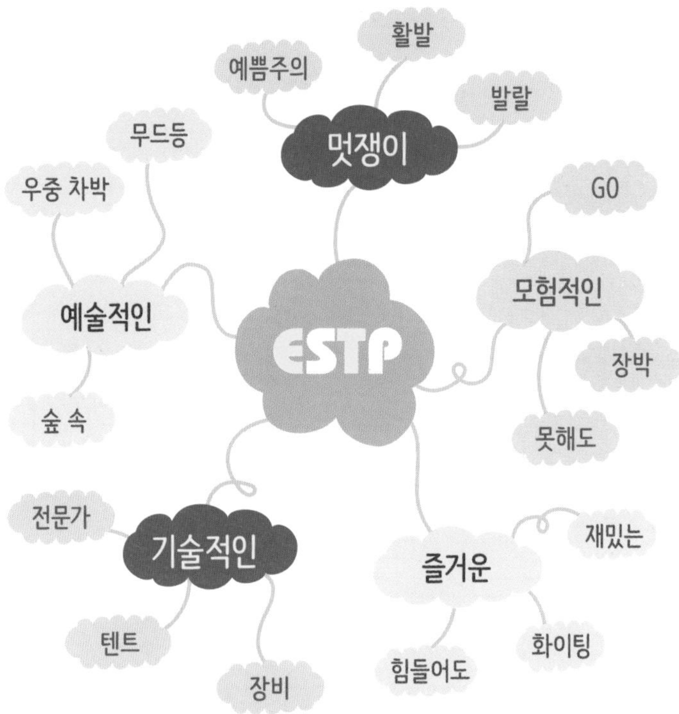

※ MBTI 유형별 성향 중 일부 특성으로 예시 유튜브 채널을 선정했다. 해당 채널을 시청하며 유튜버의 콘셉트와 특성만 간단히 살펴보자! 예시로 든 유튜버가 해당 MBTI 유형이 아닐 수도 있으니 참고하자!

《조조캠핑》은 20대의 미혼 여성이 댕댕이(강아지)와 함께하는 혼캠 유튜브 채널이다.

멋 & 예술

캠핑할 때 귀찮아서 꾸미지 않는데, ESTP는 멋쟁이답게 예쁘고 아름답다. 멋스럽게 꾸민 유튜버를 보면 귀찮고 힘들 것만 같은 캠핑을 나도 한번 떠나고 싶은 생각이 든다.

장박은 더 대단하다. 세컨드 하우스로 꾸미는 장박 텐트는 인테리어도 신경 쓴다. 무드 등과 함께 인조 풀을 올리면 너무나 아늑하고 예술적인 느낌이 살아난다. 그 안에서 친구나 동생과 먹는 해산물 찜과 맥주는 온 세상을 다 가져도 느낄 수 없는 행복감이리라! 유튜버의 설명과 함께 살펴보는 주변 경치도 아름답다.

모험 & 기술

ESTP는 모험을 두려워하지 않는다. 이 채널에서는 차박, 장박, 캠핑카 등 다양한 캠핑을 보여준다. 저 텐트를 다 구입한 건가 싶을 정도로 종류가 많다.

거기에 텐트와 각종 캠핑 장비를 뚝딱 조립하고 만드는 유튜버는 멋지다. 간혹 실수도 있다. 그것도 함께 공유하며 댓글로 올리는 시청자의 조언도 받아들인다. 그리고 영상으로 시청자의 조언으로 이렇게 고쳤다는 친절한 피드백도 있다.

발랄한 유튜버와 귀여운 댕댕이의 캠핑! 만드는 과정과 그 안에서의 생활은 보는 것만으로도 유쾌한 에너지를 얻는다. ESTP의 유쾌한 에너지가 시청자에게도 잘 전달되기를 바란다.

ESTP를 위한 조언

" 나의 발랄한 에너지를
발산해 보자! "

당신의 발랄하고 활기찬 에너지는 보고 있는 것만으로도 기운을 받는 느낌이다. 거기에 능숙하게 물건을 다루며, 멋쟁이인 당신은 팔방미인이다. 간혹 하는 실수로 인간적인 면까지 보여준다.

어떤 주제도 좋다. ESTP의 발랄한 에너지를 시청자에게 발산해 보자! 분명 남다른 호응을 받을 것이다.

ESTP

유튜브 콘텐츠
실습 노트

ESTP인 나의 성격 적어보기

* 나의 강점 :

* 나의 약점 :

* 관심 있는 주제 :

* 참고할 만한 유튜버 :

* 나만의 콘셉트(형용사) 적어보기

ESTP

ESTP 유튜버 성장 일기 예시

-앞에서 살펴본 ESTP의 강점, 약점, 유튜브에 적용가능한 능력을 예시로 왼쪽의 내 성격 특성과 유튜브 채널 콘셉트를 형용사로 적어보자. 아래 예시를 보고 유튜브 채널의 평가표와 비고란, 그래프를 채워보자.

* ESTP만의 평가표 샘플

항목	세부내용	평가점수	수정사항
멋쟁이	나의 멋, 환경의 멋	자신만의 기준으로 점수 매기기	추가 항목이나 삭제 항목 등 콘셉트 수정사항 적어보기
기술적인	텐트와 캠핑 장비		
즐거운	즐거운 내용을 공유했는지		
조회수	시청자 조회수		

* 비고란

이번 주에 좋았던 반응이나 기억에 남는 독자 의견, 영상을 만들면서 어려웠던 점이나 다음부터 참고할 사항 등을 정리하자. 비고란의 글은 나만의 마인드맵이 될 수 있다. 일기처럼 적어보자!

* 지난 4주의 발자취

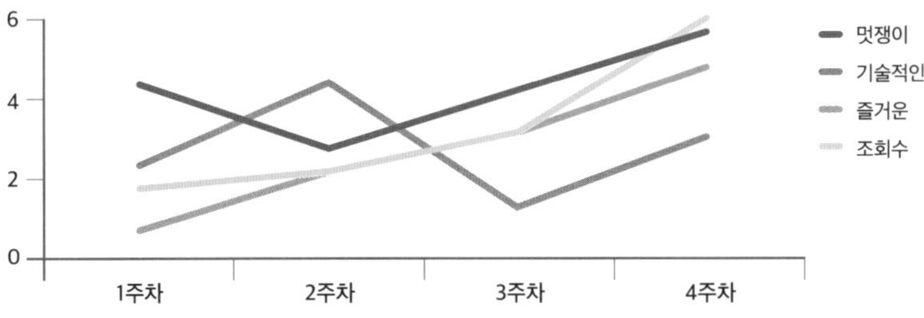

* ESTP의 주의사항 즐거운 유튜버인 당신의 영상을 기대해요.

ESTP 유튜버 성장 일기

* 1주차

항목	세부내용	평가점수	수정사항

* 비고란

* 2주차

항목	세부내용	평가점수	수정사항

* 비고란

* 3주차

항목	세부내용	평가점수	수정사항

* 비고란

* 4주차

항목	세부내용	평가점수	수정사항

* 비고란

* 지난 4주의 발자취

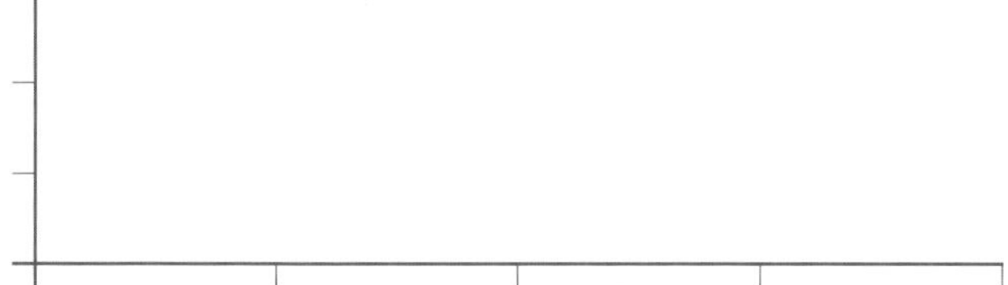

ISTP

평화로운 혼캠러

ISTP 성격 콘셉트

느긋한

움직임이 없는

사실을 조직화하는

개인주의적

최소의 노력 최대의 효과

과정보다 결과

분석하는

게으른 코알라

ISTP 유형의 특징

ISTP는
활동적인 작업에
끌리는 경향이 있다.

활동적이며 특수한 기계나 도구 사용법을 습득하는 것을 선호하는 ISTP는 사람들과의 교류를 어려워하는 경향이 있다. 그래서 ISTP의 캐릭터를 혼자 활동하는 《평화로운 혼캠러》로 표현했다. 자신을 드러내는 유튜버이지만, 모자를 두 개 눌러쓸 정도의 낯가림이 있다. 그러나, 이런 수줍음 뒤에 순간적으로 상황을 판단하거나 급작스러운 재난 상황의 대처도 유연함이 있어 요즘 유행하는 캠핑이 어울린다. 밖에 나가서 활동하며 다양한 캠핑 장비를 사용하는 것을 어려워하지 않는다. 이들은 밖에서 행동하고 자신이 사용한 도구의 감각 정보를 느끼는 것을 선호한다.

※ 좋고 나쁜 성격은 없다. 이 설명은 해당 유형의 특징이며, 장단점을 의미하는 것이 아님을 참고하자!

강점

관찰력이 뛰어나 복잡한 자료를 조직화하는 능력이 탁월하며 재난이나 위기 상황에서 침착하고 냉정하게 판단하는 능력이 있다. 즉흥적인 판단과 갑작스러운 변화에 대해 냉정함 유지한다. 위험을 감수하고 업무 능력이 뛰어난 편으로 재난이나 급박한 상황에 대처하는 직업에서 뛰어난 적응력을 보인다. 계급이나 권위를 뛰어넘어 공정함을 유지하며, 손을 이용하거나 기술을 이용하는 일을 좋아한다.

약점

타인에게 무관심한 개인주의자이며 감정에 대한 표현을 지나치게 억제하는 경향이 있다. 이는 다른 사람의 감정이나 원하는 것에 대한 파악을 어렵게 만드는 요인이기도 하다. 이렇게 타인에 관한 관심이 부족하고 파악도 어려워 타인과의 대화를 회피한다. 그래서 독립적인 성향이 더욱 강한 것일 수도 있다. ISTP는 미리 준비하고 복잡하며, 시간 관리를 해야 하는 일에 어려움을 느낀다.

ISTP가 적응하기 쉬운 직업

순발력을 요구하면서 활동적인 소방관, 경찰관, 선장, 군 장교, 수사관 등
사물이 작동하는 방식과 원인을 조직화하는 능력을 요구하는 기술 분야, 기술 교육 전문가, 컴퓨터 프로그래머, 다양한 분야의 분석가
고도의 기술을 요구하는 방사선 기사, 응급실 전문의, 응급 구조원
숫자를 이용하는 은행원, 경영 컨설턴트, 경제학자

이 외에
가구나 악기, 보석과 같이 고도의 기술을 요구하는 제작자나 항공기 조종사, 로봇 엔지니어 등 고도의 지식과 기술을 요구하는 복잡한 업무에도 탁월한 적응력을 보인다.

위와 같이
독립적이고 구체적이며 손으로 하는 기술과 관련된 업무에서 두각을 나타낸다.

※ 모든 성격유형은 모든 직업에 어울린다. 해당 유형의 특징과 장단점으로 적응하기 더 쉽거나 선호하는 직업을 나열한 것이니 참고하자!

ISTP 유튜브에 적용가능한 능력

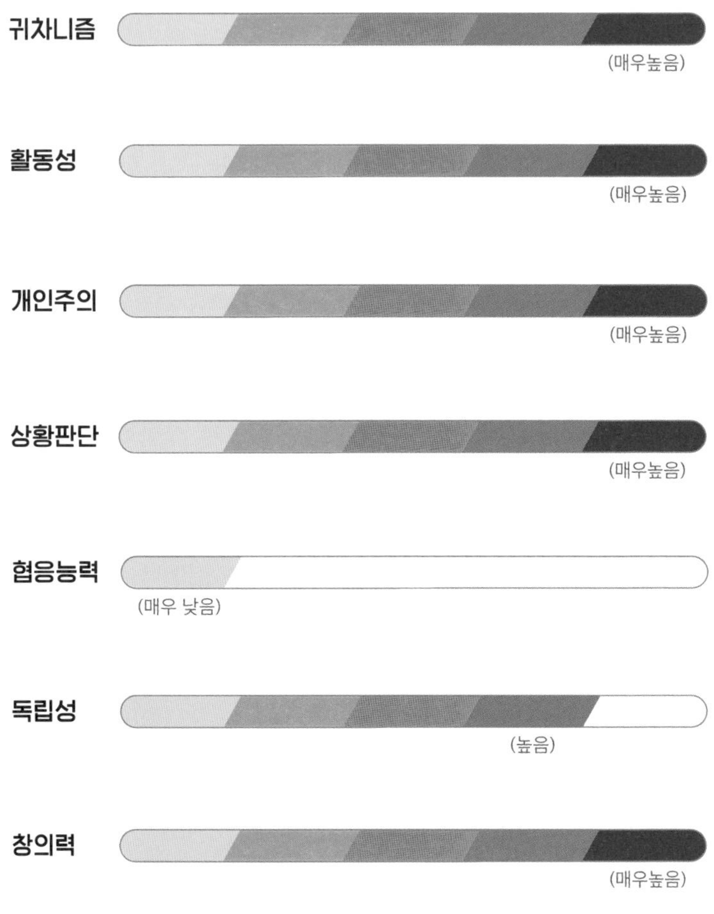

※ 모든 성격의 특징은 유튜브 콘셉트에 적용할 수 있다. 위 내용을 참고해서 유튜브 콘텐츠를 만들 때 항목을 추가하거나 삭제하자!

ISTP 유튜브 콘셉트 예시

※ MBTI 유형별 성향 중 일부 특성으로 예시 유튜브 채널을 선정했다. 해당 채널을 시청하며 유튜버의 콘셉트와 특성만 간단히 살펴보자! 예시로 든 유튜버가 해당 MBTI 유형이 아닐 수도 있으니 참고하자!

개인주의

대사가 없다. 혼자 캠핑한다. 유튜버의 측면 얼굴이 간혹 나오지만, 전체는 거의 볼 수 없다. 야구 모자를 눌러쓰고 모자 티셔츠의 모자까지 쓴다. 혼자 말없이 텐트 설치하고 혼자 요리하고 혼자 아니면 강아지와 함께 먹는다. 간혹 강아지에게 하는 말 한마디 정도가 대사의 전부이다. 마무리 영상에는 얼굴이 잠깐 나오기도 한다.

귀차니즘 & 창의성

자막도 대사도 거의 없다. 조용한 그의 텐트는 작고 귀엽다. 작고 귀여운 곰돌이 소품과 등이 있는 그의 텐트 안에는 나무 장작만 타닥타닥 소리 내며 타오른다. 실제로 아기자기하고 귀여운 소품은 자주 등장한다. 날씨의 더움이나 추움은 스마트폰의 현재 날씨 화면이나 텐트 안의 온도계가 대신한다.

활동성

영상 안의 그는 대부분 움직인다. 텐트 치거나 강아지를 쓰다듬거나 요리하거나 먹는다. 그리고 주변 환경에 대한 영상이 많아 시청자가 캠핑장에 함께 있는 느낌을 준다. 멀리 보는 풍경은 얼음이 살짝 언 냇물, 함박눈이 내리는 산기슭, 눈이 소복이 쌓인 나뭇가지를 보여주고 가까이 보는 화면은 장작이 타는 난로와 귀여운 소품들, 그리고 요리하는 과정을 보여준다. 이렇게 멀리 있는 풍경과 가까이 있는 화면의 다채로움은 대사가 없어 단조로울 수 있는 그의 영상을 풍요롭게 만들어 준다. 풍경은 캠프의 운치를 더해주고, 가까이 보이는 화면은 함께 하는 느낌을 더해준다. 이런 영상의 다채로움은 유튜버의 움직임(활동)에서 나오는 것이다.

이 채널을 왜 시청할까? 대화를 즐기지 않는 유형은 생각보다 많다. 또 캠핑 가고 싶지만, 귀차니즘이 발동한다면 조용히 베란다 문을 열어두고 커피 마시며 TV 화면에 류캠프 영상을 재생하면 캠핑 기분을 만끽할 수 있다. 봄비 내리는 쌀쌀한 날씨에 한겨울의 함박눈을 바라본다면 순간적으로 겨울이라고 착각할 수도 있겠다.

이처럼 ISTP 유튜버의 매력은 대사 없이도 감성을 전달할 수 있다는 점이다. 실제로 그들이 이 감성을 느꼈을지는 모르지만 말이다.

ESTP vs ISTP 캠핑 유튜버 콘셉트 차이

ESTP ISTP

조조캠핑	류캠프
가심비를 만족시키는 캠핑용품 쇼핑후기	캠핑 브이로그, 사랑스런 강아지와 듣는 빗소리
개방감 가득한 솔캠 최고의 세팅!	캠핑 브이로그, 섬으로 차 타고 떠난 차박 여행
화목난로 오븐구이와 함께 1박, 차박 성지	캠핑 브이로그, 강아지랑 장작 타는 소리 듣는
트렁크에 원터치 차박텐트를 도킹해 보았어요	겨울 장박 텐트 설치 도와주세요
멈춰서는 곳이 곧 나의 집, 봄바다 스텔스 차박	캠핑 브이로그, 오두막집 닮은 텐트
장박 마지막 날, 2개월짜리 세컨하우스 안녕	캠핑 브이로그, 강아지가 좋아하는 공간
방어 낚시도 하고 규카츠 만들어 먹었어요	캠핑 브이로그, 한숨 느리게 보낸 하루 여행
걱정돼서 3주 만에 장박지 다녀왔어요	캠핑 브이로그, 외국인은 모르는 현실적인 캠핑
10만 원짜리 원터치 텐트로 동계캠핑하기	캠핑 브이로그, 동계 텐트
맨날 똑같은 캠핑장에서 뭐해? 장박 단점은?	캠핑 브이로그, 최저온도 10도 텐트 화목난로
취향 100% 장박지 꾸미기	캠핑 브이로그, 너와 쏟아지는 빗속에서
8.5평 어닝룸에서 겨울 나는 방법	캠핑 브이로그, 베낭 하나만 메고 떠난 겨울 숲
비오는 날 천장까지 뻥 뚫린 원터치 텐트 도킹	캠핑 브이로그, 혹한의 겨울 최적의 난로 세팅

제목만으로 ESTP와 ISTP의 색깔이 보인다. 조조캠핑의 '취향 100% 장박지 꾸미기', '개방감 가득한 솔캠 최고의 세팅!'은 멋을 중시하며 '멈춰 서는 곳이 곧 나의 집', '방어 낚시도 하고'는 현재의 행복을 중요시하는 활동적인 에너지가 느껴진다. 반면, 류캠프는 제목에 늘 '캠핑 브이로그'가 있다. 두 유튜버의 즐김에는 차이가 있다. 조조캠핑은 혼자도 시끌시끌하다. 무언가 알려주고 대화하는 느낌인데, 류캠프는 늘 조용하다. 무엇이 낫고 무엇이 틀렸다는 의미가 아님을 다시 강조한다. 콘셉트가 다를 뿐인데, 중요한 점은 자신의 취향(성격)이 드러난다는 점이다. 그런데, 둘의 공통점도 있다. 캠핑 도구를 잘 다룬다는 점이다. E와 I를 제외한 STP의 공통점이 있으니 참고하자.

ESTP 캠핑 유튜버

강점 : 발랄한 설명과 함께 어우러지는 영상

약점 : 주변 환경 화면은 많지 않음

조언 : '류캠프'의 주변 환경 화면을 참고하면 좋을 것 같음.

ISTP 캠핑 유튜버

강점 : 차분하고 조용하며 편히 쉴 수 있는 영상

약점 : 캠핑에 대한 설명이 거의 없음

조언 : 자막을 종종 넣어보면 어떨지… 귀찮으셨다면 죄송해요!

ISTP를 위한 조언

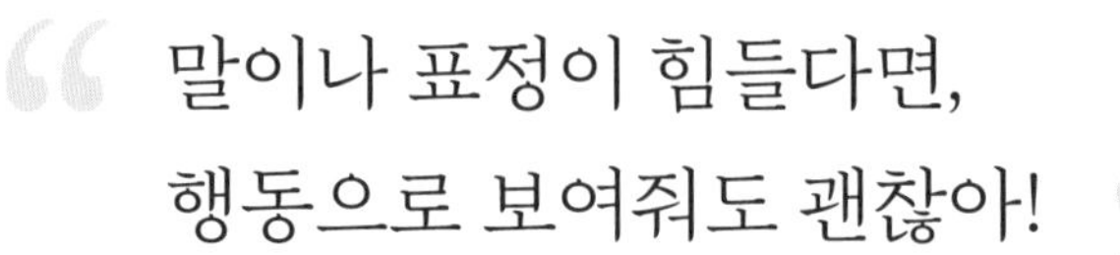

같은 화면을 시청해도 어떤 사람은 감각(S)으로 정보를 획득하고, 어떤 사람은 직관(N)으로 감정을 느낀다. ISTP 유튜버 예시로 든《류캠프》와 같이 오히려 시청자에게 제공하는 정보가 적다면 각자 선호하는 방식으로 채널을 느낄 것이다. 시청자에게 던지는 이런 자유로움은《나 혼자 산다》와 같은 관찰 예능처럼 편안함을 준다. 사무실에서 종일 일하는 모습을 제공하는 유튜버처럼 시청자도 아무 생각 없이 편안하게 재생하기에 좋은 채널이다.

거기에 아름다운 풍경과 맛있는 음식까지 함께하니 금상첨화 아니겠는가? 오히려 말과 자막이 없는 당신의 영상이 누군가에게는 더 편안할 수 있다는 것을 명심하자!

ISTP

유튜브 콘텐츠 실습 노트

ISTP인 나의 성격 적어보기

* 나의 강점 :

* 나의 약점 :

* 관심 있는 주제 :

* 참고할 만한 유튜버 :

* 나만의 콘셉트(형용사) 적어보기

ISTP 유튜버 성장 일기 예시

-앞에서 살펴본 ISTP의 강점, 약점, 유튜브에 적용가능한 능력을 예시로 왼쪽의 내 성격 특성과 유튜브 채널 콘셉트를 형용사로 적어보자. 아래 예시를 보고 내 유튜브 채널의 평가표와 비고란, 그래프를 채워보자.

* **ISTP만의 평가표** 샘플

항목	세부내용	평가점수	수정사항
귀차니즘	음식, 날씨 ASMR로 음성	자신만의 기준으로 점수 매기기	추가 항목이나 삭제 항목 등 콘셉트 수정사항 적어보기
활동성	아름다운 주변 경치		
창의력	귀여운 캠핑 소품		
조회수	내용에 따른 조회수		

* **비고란**

이번 주에 좋았던 반응이나 기억에 남는 독자 의견, 영상을 만들면서 어려웠던 점이나 다음부터 참고할 사항 등을 정리하자. 비고란의 글은 나만의 마인드맵이 될 수 있다. 일기처럼 적어보자!

* **지난 4주의 발자취**

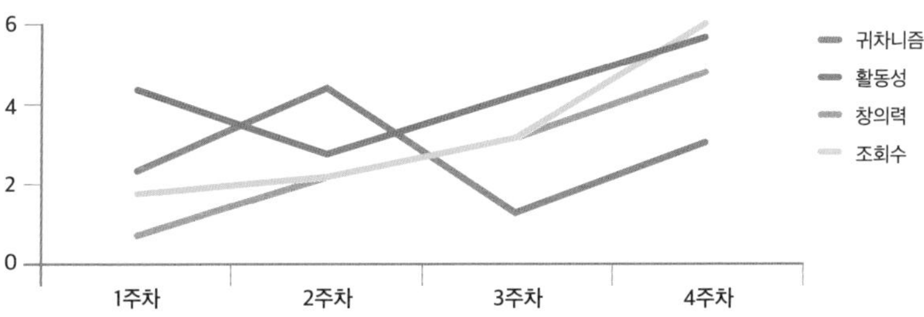

*** ISTP의 주의사항** 귀차니즘을 견딜 수 있는 지금 하는 취미를 주제로 선정해요!

ISTP 유튜버 성장 일기

* 1주차

항목	세부내용	평가점수	수정사항

* 비고란

* 2주차

항목	세부내용	평가점수	수정사항

* 비고란

* 3주차

항목	세부내용	평가점수	수정사항

* 비고란

* 4주차

항목	세부내용	평가점수	수정사항

* 비고란

* 지난 4주의 발자취

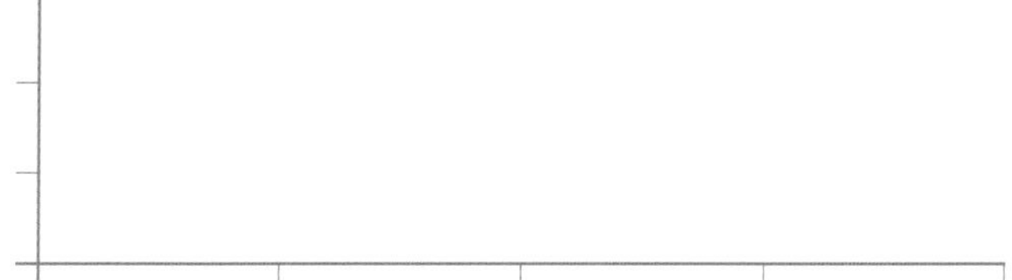

ESFP

사교적인 패셔니스타

ESFP성격 콘셉트

분위기 메이커

융통성

대인관계 능숙

재미있는

미적 감각

활동적인

에너자이저

충동적인

배려하는

ESFP 유형의 특징

> ESFP는 사람들을 도우며,
> 새롭고 아름다운 것을 알아보는
> 날카로운 눈매를 가진 유형이다.

활발하고 친절하면서도 이들은 'Here and Now'를 느끼며 살려고 노력한다. 이 순간을 즐겁고 유쾌하게 보내는 것은 ESFP가 추구하는 인생 신조이기도 하다. 어디를 가나 분위기 메이커로 통하는 이 유형은 사람을 돕는 것을 마다하지 않으며, 기꺼이 자신의 것을 내어주는 특성이 있어 대인관계가 좋다. 또한 세련된 미적 감각이 있어 패션이나 스타일에 관련된 업무에도 적당하다. 반면, 행동파인 충동적인 성향으로 돈이나 시간 관리에 애를 먹는 경우가 있다. 그러나 신속한 움직임과 판단으로 예기치 못한 상황에 빠르게 대처할 수도 있으니 성격이란 좋은 것도 나쁜 것도 아니라는 것을 다시 한번 느낄 수 있다.

※ 좋고 나쁜 성격은 없다. 이 설명은 해당 유형의 특징이며, 장단점을 의미하는 것이 아님을 참고하자!

강점

자기 것을 챙기려는 욕심 없이 다른 이에게 늘 퍼주는 정스러움과 도움이 필요한 사람을 도우려는 적극성은 ESFP가 늘 사람들에게 사랑받는 이유이기도 하다. 다른 이에게 받는 이런 사랑은 ESFP의 유쾌한 에너지가 되기도 한다. 뛰어난 손재주와 미적 감각으로 자신만의 기술을 습득하고 꾸미는 것을 좋아한다. 이런 특징으로 서비스와 기술을 동시에 제공하는 물리 치료사나 헤어 디자이너, 놀이 치료사와 같은 직업에 종사할 때 높은 적응력을 보인다. 일을 즐겁게 하는 ESFP는 사람과 조직에 대한 충성도도 높다.

약점

사람들과 함께 있을 때 에너지를 얻기 때문에 혼자 일하는 것은 힘들어하는 경향이 있다. 계산하고 따지는 것에 약해서 시간과 돈 관리가 힘들다. 미리 준비하는 것을 싫어하며 즉흥적으로 행동하거나 판단해서 후회하기도 한다. 논리적으로 판단하거나 장기적인 목표를 세우고, 언제까지 처리해야 하는 마감 기한은 ESFP가 가장 싫어하는 항목이기도 하다. ESFP도 감각(S)으로 의미를 해석하기 때문에 추상적인 가능성에 대한 의미 부여가 어렵다.

ESFP가 적응하기 쉬운 직업

> 친절하게 사람들을 돕는 초등학교 교사, 보육 교사, 놀이 치료사
> 기능을 습득해서 사람을 돕는 간호사, 물리 치료사, 응급 구조원
> 미적 감각이 필요한 코디네이터, 만화가, 화가, 헤어디자이너
> 파티원의 발랄함이 필요한 코미디언, 배우, 연예인, 피트니스 강사
> 사람들과 많은 교류가 필요한 다양한 비즈니스, 판매, 서비스 분야

이 외에
지구환경을 돕는 환경 과학자, 환경 보호 활동가 등이 있다.

위와 같이
타인을 즐겁게 하는 것을 좋아해서 다른 사람의 외모를 가꾸거나 직접적인 즐거움을 주는 연예인이나 사람을 돕는 직업, 서비스 업종이 대부분을 차지한다. 또 독보적인 미적 감각과 활동적인 성향이 동시에 필요한 플로리스트, 연회 컨설턴트, 전시 제작자, 인테리어 디자이너 등의 직업에서 높은 성과를 보일 수 있다.

※ 모든 성격유형은 모든 직업에 어울린다. 해당 유형의 특징과 장단점으로 적응하기 더 쉽거나 선호하는 직업을 나열한 것이니 참고하자!

ESFP 유튜브에 적용 가능한 능력

※ 모든 성격의 특징은 유튜브 콘셉트에 적용할 수 있다. 위 내용을 참고해서 유튜브 콘텐츠를 만들 때 항목을 추가하거나 삭제하자!

ESFP 유튜브 콘셉트 예시

※ MBTI 유형별 성향 중 일부 특성으로 예시 유튜브 채널을 선정했다. 해당 채널을 시청하며 유튜버의 콘셉트와 특성만 간단히 살펴보자! 예시로 든 유튜버가 해당 MBTI 유형이 아닐 수도 있으니 참고하자!

김나영은 자신의 MBTI를 ISFP로 밝힌 바 있다. 그러나 그녀는 연예인이다. 언젠가 방송에서의 자신은 평소 모습과는 아주 다르다고 말했다. 자신이 MBTI 유형의 E가 아닌 I라고 말하며 혼자 있을 때는 조용한 편이라는 것이다.
그런 김나영의 채널을 ESFP 채널에 넣은 이유는 방송에서 언급한 것처럼 유튜브 채널에서 그녀의 모습은 에너지가 넘치기 때문이다. 활동적인 아들 둘을 데리고 몸으로 놀아주며 하나하나 돌보는 그녀의 세심함은 ESFP의 자상함과 활동성이 함께 엿보인다.

미적 감각

평소 패션 감각을 자랑하는 그녀의 집에서 옷차림과 아들의 패션은 이슈가 되고 있다. 하다못해 음식을 색감으로 플레이팅 하는 솜씨는 같은 엄마로서 탐나는 재능이다. 그래서 유튜버 김나영의 화면은 색감이 다채롭고 세련된 색채감이 살아있다. 그녀의 이런 미적 감각은 설명이 필요 없을 정도이다.

배려 & 융통성

특히 《드디어 랜선 집들이》 영상에는 식탁 하나를 선택할 때도 아이들의 20년 후 미래까지 생각하는 배려심이 묻어난다. 화분에도 자신이 먹었던 식품(아보카도, 토마토), 받았던 꽃다발의 씨앗으로 작은 푸르름이 번지는 것을 보여준다. ESFP의 융통성 있는 실생활에 돋보이는 융통성은 이 영상에서 진가를 보여준다.

김나영의 nofilterTV @nofilterTV

ESFP를 위한 조언

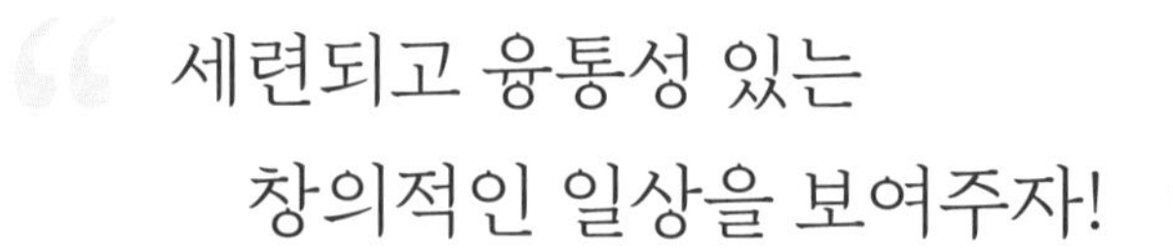

누군가는 예쁜 그릇을 화분으로 이용하고, 예전 의자를 지금의 테이블과 조화롭게 놓은 당신의 인테리어 실력에 놀랄 수 있다. ESFP만의 세련된 융통성을 시청자에게 가감 없이 보여주자! '뭐, 이런 것까지?' 라고 생각되는 것도 좋다. 시청자에게는 신선함으로 다가올 수 있으니, 나만의 창의성을 발휘하자!

ESFP

유튜브 콘텐츠 실습 노트

ESFP인 나의 성격 적어보기

* 나의 강점 :

* 나의 약점 :

* 관심 있는 주제 :

* 참고할 만한 유튜버 :

* 나만의 콘셉트(형용사) 적어보기

ESFP

ESFP 유튜버 성장 일기 예시

-앞에서 살펴본 ESFP의 강점, 약점, 유튜브에 적용가능한 능력을 예시로 왼쪽의 내 성격 특성과 유튜브 채널 콘셉트를 형용사로 적어보자. 아래 예시를 보고 유튜브 채널의 평가표와 비고란, 그래프를 채워보자.

* ESFP만의 평가표 샘플

항목	세부내용	평가점수	수정사항
활동성	어떤 콘셉트의 활동성인지	자신만의 기준으로 점수 매기기	추가 항목이나 삭제 항목 등 콘셉트 수정사항 적어보기
미적 감각	나만의 미적 감각		
재미	유머, 활동성 등의 재미		
조회수	시청자 조회수		

* 비고란

이번 주에 좋았던 반응이나 기억에 남는 독자 의견, 영상을 만들면서 어려웠던 점이나 다음부터 참고할 사항 등을 정리하자. 비고란의 글은 나만의 마인드맵이 될 수 있다. 일기처럼 적어보자!

* 지난 4주의 발자취

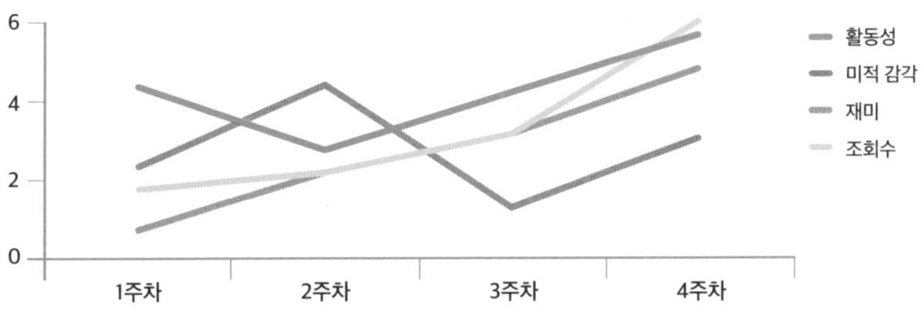

* ESFP의 주의사항 나만의 활동적인 미적 감각을 보여주세요~

ESFP 유튜버 성장 일기

* 1주차

항목	세부내용	평가점수	수정사항

* 비고란

* 2주차

항목	세부내용	평가점수	수정사항

* 비고란

✳ 3주차

항목	세부내용	평가점수	수정사항

✳ 비고란

✳ 4주차

항목	세부내용	평가점수	수정사항

✳ 비고란

✳ 지난 4주의 발자취

ISFP

절대 감각

ISFP 성격 콘셉트

추진력이 낮은

게으른

예술적 감각

패셔니스타

사려깊은

세부적인

뛰어난 색감

유연성

수용적인

ISFP 유형의 특징

> ISFP는
> 자신의 재능을
> 쏟는 일을 선호한다.

ISFP는 예술적인 감각이 뛰어난 유형이다. 이 때문에 패션이나 예술처럼 오감을 이용해서 손으로 직접 만드는 일을 선호한다. 세심한 관찰력은 미세한 세부적인 변화까지 점검하는 예민함을 가진다.

그러나 진정한 예술가는 유유자적하는 삶을 선호하는가? ISFP는 에너지가 매우 낮다. 이런 이유로 자신이 원하지 않는 일은 할 수 없는 것이 ISFP이기도 하다. 부지런하거나 활동적이기보다 자신의 센스와 재능에 맞게 유튜브를 운영하는 것을 추천한다.

※ 좋고 나쁜 성격은 없다. 이 설명은 해당 유형의 특징이며, 장단점을 의미하는 것이 아님을 참고하자!

강점

따뜻하고 친절한 ISFP는 다른 사람의 요구를 실질적으로 도우려고 한다. 갑작스러운 변화나 상황에 실용적인 대응이 가능한 유형으로 특히 사람과 관련된 세부 사항을 잘 살핀다. ISFP의 가장 큰 재능은 절대적인 예술 감각으로 이를 활용하는 모든 직업에 어울린다. 유튜브에서도 예술적 감각을 활용한다면 어느 유형도 따라 하기 힘들 것이다. 개인의 목표를 위해 계획을 세우고 실행하는 것은 어려워하나 조직의 목표를 위해서는 기꺼이 집중한다.

약점

에너지가 낮아 자신이 열정을 쏟는 일 외의 일을 진행하기 어렵다. 자신이 열정을 쏟는 일도 끝까지 해내기가 어렵다. 계획을 세우거나 시간을 관리하는 것에 약하다. 또한 자신의 단점을 타인이 비판한다면 객관적으로 받아들이지 않고 사적인 의미를 부여해 자신을 힘들게 한다. 이것은 ISFP가 타인을 비판하거나 평가를 싫어하는 성향 때문이기도 하다. 사물을 사실적으로 바라보는 시각은 전체를 구조화시키지 못하고 시야를 좁게 만드는 경향이 있어 고도로 복잡한 일은 어려워한다.

ISFP가 적응하기 쉬운 직업

세련되고 아름다우며 세밀한 작업을 요하는 패션 디자이너, 보석 세공사
자연을 이용한 아름다움을 제공하는 목수, 조경 디자이너, 플로리스트
음식을 아름답고 맛있게 만드는 주방장
그림을 아름답게 그리는 예술가, 만화가, 애니메이터
도움이 필요한 사람들에게 도움을 주는 치료사, 의사, 간호사, 사회복지사

이 외에
과학 및 기술 분야에서 관찰과 함께 세심한 주의력이 필요한 식물학자, 동물학자, 지질학자가 있다.

위와 같이
느긋함과 세심하면서도 타인에게 상처를 잘 받는 예술가의 면모를 지닌 ISFP의 성향은 프리랜서처럼 자유로운 직업을 선호하는 경향이 있다.

※ 모든 성격유형은 모든 직업에 어울린다. 해당 유형의 특징과 장단점으로 적응하기 더 쉽거나 선호하는 직업을 나열한 것이니 참고하자!

ISFP 유튜브에 적용 가능한 능력

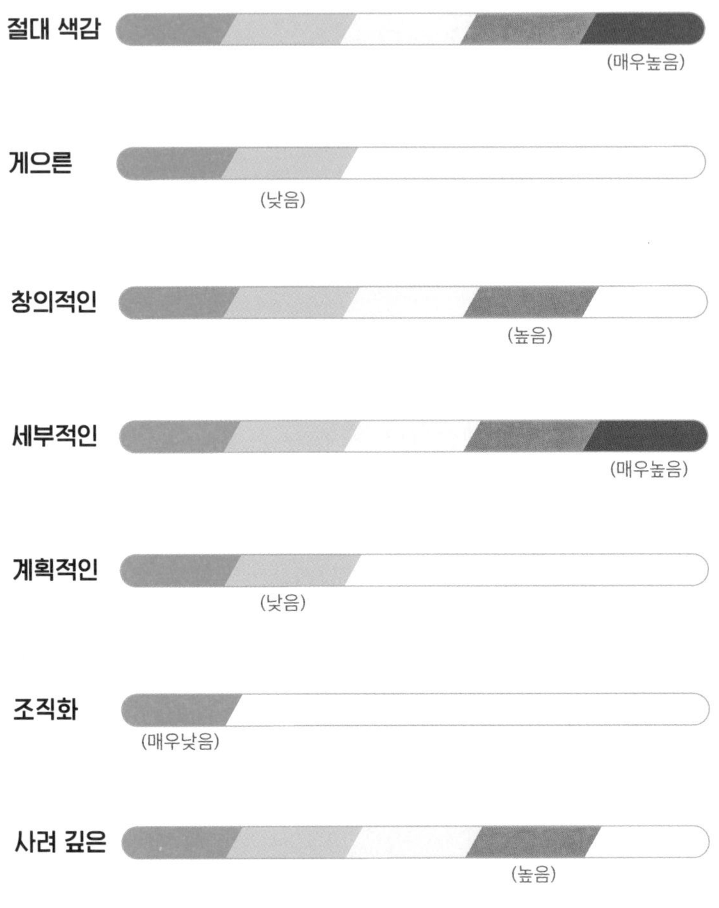

※ 모든 성격의 특징은 유튜브 콘셉트에 적용할 수 있다. 위 내용을 참고해서 유튜브 콘텐츠를 만들 때 항목을 추가하거나 삭제하자!

ISFP 유튜브 콘셉트 예시

※ MBTI 유형별 성향의 일부 특성으로 예시 유튜브 채널을 선정했다. 해당 채널을 시청하며 유튜버의 콘셉트와 특성만 간단히 살펴보자! 예시로 든 유튜버가 해당 MBTI 유형이 아닐 수도 있으니 참고하자!

이 책의 ISFP 캐릭터는 《Jane ASMR》에서 착안한 아이디어이다. 《Jane ASMR》을 입술만 보이는 먹방 유튜버이다. 그러나 이것은 단순한 정의이다. 그녀의 세밀함을 파헤쳐 보자!

먹방+엽기

유튜브 첫 책에 《맛있는 녀석들》의 '한 입만'을 '먹방' 콘텐츠에 '엽기'의 콘셉트를 더한 것이라고 소개했다. Jane ASMR도 먹방에 엽기적인 요소를 더했다. 이것은 기존의 ASMR 먹방에 ISFP다운 창의적인 요소를 추가한 것이다. 창의적인 첫 번째 요소는 입술만 클로즈업한 것이다. 정열의 붉은색 립스틱을 칠한 긴 생머리 여성의 입술은 어쩌면 도발적으로 보인다. 그 붉은 입술로 가득 음식을 베어 물고 씹는 과정은 다소 엽기적으로 보인다. 그러나 '한입만'처럼 부담스럽지 않은 엽기이다. 가장 중요한 것은 가끔은 귀엽고 가끔은 관능적인 그녀의 입술을 대중이 좋아한다는 것이다.

절대 색감

창의적인 두 번째 요소는 음식의 색감과 텍스처이다. 음식에 색감을 더할 수 있다는 것을 ISFP의 예술적 감각으로 보여준다. 어떤 영상은 레인보우로 장식하고 어떤 영상은 보라, 빨강, 노랑 등 다양한 색감을 보여준다. 특히 씹는 소리와 함께 색감이 돋보였던 영상은 뭐니 뭐니 해도 붉은색 불닭 소스를 곁들인 팽이버섯을 포함한 버섯 먹방이다. 많은 ASMR 유튜버가 Jane ARMR을 따라 했지만, 그녀의 절대 색감을 따라잡기에는 역부족으로 보인다.

사려 깊은

또 하나 보이지 않는 이 채널의 숨겨진 ISFP의 장점은 자막이다. 이 채널은 대사 없이 자막으로 보여주는데 무려 38개 국어로 분류되어 있다. 인기 있는 유튜버도 5개 국어나 7개 국어 정도 사용한다. 유튜브가 범세계적으로 성장했다손 치더라도 ISFP의 '세심함'과 '사려 깊은' 성향이 아니라면 불가한 항목이라고 본다.

자신의 장점이 돋보이는 ISFP의 다른 창의적인 채널을 기대해 본다.

Jane ASMR @Jane_asmr

ISFP 유튜브 콘셉트 예시

마벨타로 @marveltarot

※ MBTI 유형별 성향의 일부 특성으로 예시 유튜브 채널을 선정했다. 해당 채널을 시청하며 유튜버의 콘셉트와 특성만 간단히 살펴보자! 예시로 든 유튜버가 해당 MBTI 유형이 아닐 수도 있으니 참고하자!

ISFP에서 소개할 《마벨타로》는 전반적인 분위기를 살펴보면 좋을 것 같다. 앞에서도 말했지만, 콘셉트는 분위기이다. 그런 면에서 《마벨 타로》는 타로의 '영적인 느낌', '신의 영역'의 느낌이 강하다.

절대 색감 & 분위기

다른 타로마스터와 배경 색상부터 다르다. 화려하지만, 분위기 있게 화려하다. 보통은 시작과 함께 인사하고 이번 주제가 무엇인지 소개하는데, 마벨타로는 인센스에 불을 붙이며 시작한다. 성냥이 확 타오르는 불빛과 함께 소리는 ASMR인가 싶을 정도로 강렬하며 타로를 섞는 유튜버의 네일 색상은 강렬한 레드이다. 첫 화면에서 색감과 소리로 시청자를 사로잡는다. 타로도 홀로그램처럼 은은하게 반짝이는 색상이 유독 많다. 전반적으로 의도한 것인지 모르겠지만 관능적인 느낌의 이 타로마스터는 대부분 연예와 관련된 주제로 영상을 올린다. 섹시 콘셉트와 잘 어울리는 주제라고 생각한다. 다만, 주제가 한정적이어서 다른 유튜버와 비교하지 않았으니, 콘셉트만 참고하자!

마벨타로 @marveltarot

ISFP를 위한 조언

"당신의 절대 감각을
오픈할 준비를 하자!"

따라 하고 싶어도 따라 할 수 없는 샘나는 재능이다. 신은 ISFP에게 절대 감각을 선물했다. 당신이 그 선물을 이용한다면, 모든 이의 로망인 적게 일하고 많이 벌 수 있는 머니 파이프 라인을 구축할 수 있을 것이다.

그러니 용기 내 나의 절대 감각을 오픈하는 건 어떨까? 어떤 방식으로도 좋다. ISFP만의 창의력을 발휘해 보자!

ISFP

유튜브 콘텐츠 실습 노트

ISFP인 나의 성격 적어보기

* 나의 강점 :

* 나의 약점 :

* 관심 있는 주제 :

* 참고할 만한 유튜버 :

* 나만의 콘셉트(형용사) 적어보기

ISFP 유튜버 성장 일기 예시

-앞에서 살펴본 ISFP의 강점, 약점, 유튜브에 적용가능한 능력을 예시로 왼쪽의 내 성격 특성과 유튜브 채널 콘셉트를 형용사로 적어보자. 아래 예시를 보고 내 유튜브 채널의 평가표와 비고란, 그래프를 채워보자.

* ISFP만의 평가표 샘플

항목	세부내용	평가점수	수정사항
색감	색감이 창의적인지	자신만의 기준으로 점수 매기기	추가 항목이나 삭제 항목 등 콘셉트 수정사항 적어보기
창의성	색다른 주제		
식감	색다른 식감인지		
조회수	시청자 조회수		

* 비고란

이번 주에 좋았던 반응이나 기억에 남는 독자 의견, 영상을 만들면서 어려웠던 점이나 다음부터 참고할 사항 등을 정리하자. 비고란의 글은 나만의 마인드맵이 될 수 있다. 일기처럼 적어보자!

* 지난 4주의 발자취

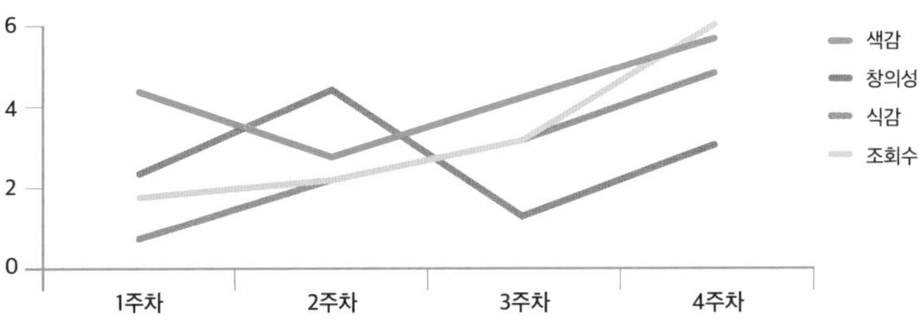

* ISFP의 주의사항 당신의 절대 감각을 오픈해요!

ISFP 유튜버 성장 일기

✻ 1주차

항목	세부내용	평가점수	수정사항

✻ 비고란

✻ 2주차

항목	세부내용	평가점수	수정사항

✻ 비고란

✳ 3주차

항목	세부내용	평가점수	수정사항

✳ 비고란

✳ 4주차

항목	세부내용	평가점수	수정사항

✳ 비고란

✳ 지난 4주의 발자취

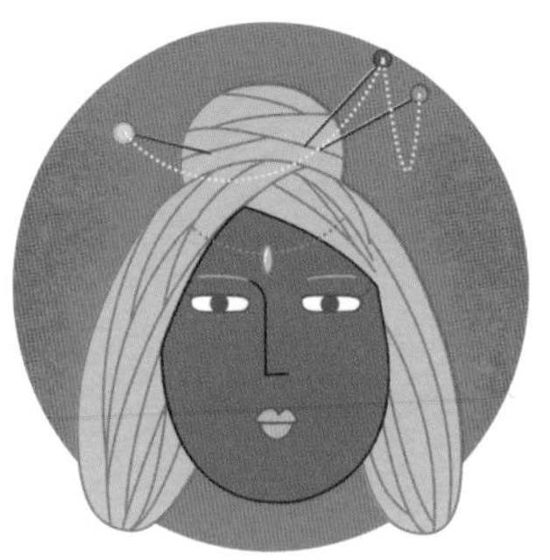

ENFJ

치유의 달인

ENFJ 성격 콘셉트

리더십

언변능숙

수호천사

직관 발달

공감과 예측 능력

숨은뜻 파악

인간에 대한 이해

의사소통

ENFJ 유형의 특징

> ENFJ는
> 몽상가적인 특성이 강한
> 커뮤니케이션의 대가이다.

인간에 대한 이해가 높으며 말을 잘하고 특히 의사소통에 탁월한 능력이 있다. 언변과 관련된 업무에서 두각을 나타내며 이런 점은 사람을 변화시키고 협력을 끌어내는 지도자의 역할이 어울리게 한다. 가치 있다고 생각하는 일에 헌신을 마다하지 않기 때문에 종교적이거나 영성에 관련된 직업에도 많은 유형이다. 종교를 대신해서 ENFJ의 캐릭터는 타로 마스터 이미지를 넣어보았다. 경쟁적이거나 긴장도가 높은 일반적인 사무직은 적응이 힘든 유형이다. 선호하는 성향도 N(직관)이며 종교적인 직업에 종사자가 많아 모든 정보에 너무 주관적인 의미를 부여하려는 경향이 있다.

※ 좋고 나쁜 성격은 없다. 이 설명은 해당 유형의 특징이며, 장단점을 의미하는 것이 아님을 참고하자!

강점

탁월한 언변과 카리스마를 겸비하고 조직을 이끄는 기술에 능하다. 고정관념에 얽매이지 않으며 언제나 새로운 시도에 열려있는 자세는 다양한 분야에 관심을 두기에 적당하다. 다양한 정보를 수합해서 큰 그림으로 숨은 뜻을 파악하는 능력이 뛰어나다. 가치 있는 일에 헌신하는 것을 마다하지 않는데 특히 인간에 대한 순수한 관심이 높다. 그래서 인간을 탐구하고 도우며, 이끄는 모든 직업에서 강점을 보인다. ENFJ는 사람과 조직을 다루는 일에 가히 천재적인 소질을 보인다.

약점

자신의 가치관과 충돌하는 일은 수행하기 힘들다. 갈등을 현명하게 해결하려고 하기보다 덮어버리려는 경향이 있다. 이런 성향은 긴장감이 높은 상황을 연출할 수 있으며, 이를 견디기 힘들어한다. 다행인 것은 이런 상황이 자주 일어나지는 않는다는 점이다. 사람을 소중하게 생각하기 때문에 거절이 힘들고 거절에 대한 죄책감을 느낀다. 타인의 부탁을 모두 수용하니 오지랖이 넓어 보일 수 있다. 발달한 직관력은 논리적으로 보이지 않을 수 있어 주의가 필요하다.

ENFJ가 적응하기 쉬운 직업

> 커뮤니케이션의 대가가 할 수 있는 작가, 저널리스트, 홍보 전문가, 정치인, 뉴스 캐스터, 편집자, 카피라이터, 광고주
> 인간에 대한 통찰력이 필요한 심리학자, 상담사, 성직자, 사회학자, 심리 교수
> 사람들이 성장하도록 돕는 교사, 컨설턴트, 보호센터 직원
> 사람들의 치료를 돕는 작업 치료사, 지압사, 재활 치료사

이외에
인간의 정신적, 감정적, 영적인 영역에 관한 관심이 높아 다양한 분야의 컨설턴트와 서비스 업종에 어울린다. 최근 고민에 대한 컨설팅을 제공하는 타로 마스터, 사주 상담사로 많이 활동한다.

위와 같이
본인이 가지고 있는 직관력(N)에 대해 탁월한 언변으로 전달하며 이에 따라 긍정적인 방향으로 사람의 성장을 돕는 업무에서 두각을 나타낸다.

※ 모든 성격유형은 모든 직업에 어울린다. 해당 유형의 특징과 장단점으로 적응하기 더 쉽거나 선호하는 직업을 나열한 것이니 참고하자!

ENFJ 유튜브에 적용 가능한 능력

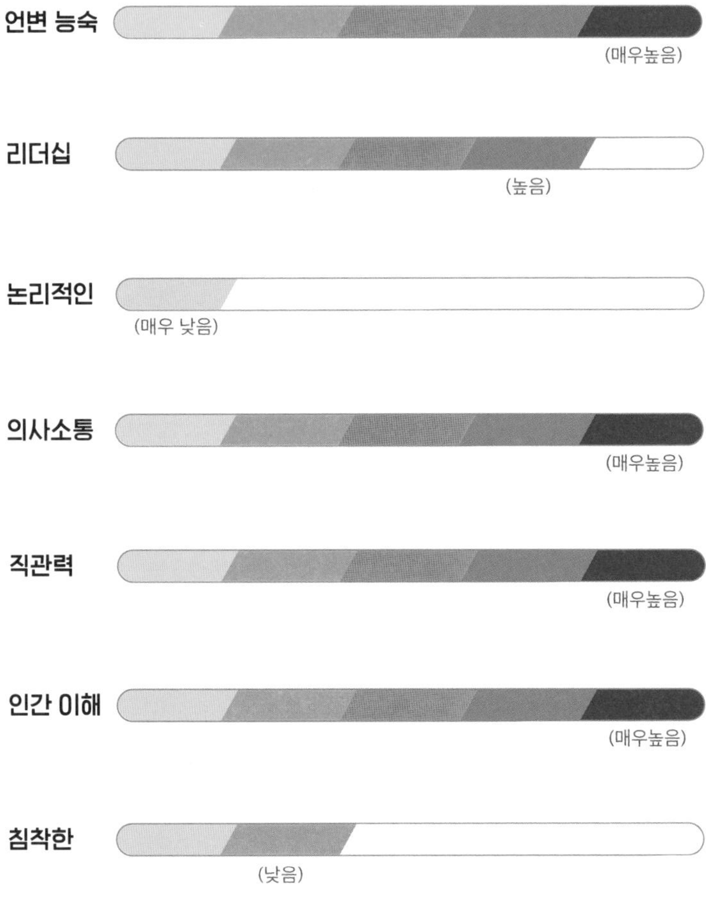

※ 모든 성격의 특징은 유튜브 콘셉트에 적용할 수 있다. 위 내용을 참고해서 유튜브 콘텐츠를 만들 때 항목을 추가하거나 삭제하자!

ENFJ 유튜브 콘셉트 예시

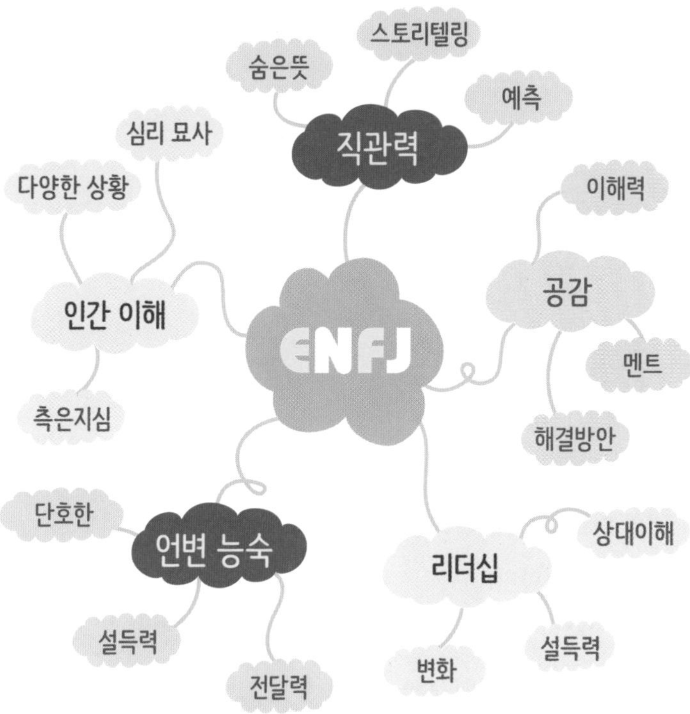

※ MBTI 유형별 성향 중 일부 특성으로 예시 유튜브 채널을 선정했다. 해당 채널을 시청하며 유튜버의 콘셉트와 특성만 간단히 살펴보자! 예시로 든 유튜버가 해당 MBTI 유형이 아닐 수도 있으니 참고하자!

타로 마스터는 다 같다고 생각할 수 있다. 그러나 콘셉트에 따라 전혀 다르다. 처음 타로 마스터 채널을 접했을 때 의아했다. '유튜브로 타로를 본다고? 불가능하지 않을까?'라고 생각했다. 그런데 정말 신기하게도 타로 마스터가 놓은 다섯 개의 카드 중 마음이 가는 카드를 하나 고르고 타로를 볼 수 있었다. 이 시스템은 대부분 타로 마스터의 공통점이다. 그러나 이 공통점 이외의 모든 것이 달랐다. ENFJ에서는《게티 타로》채널을 살펴본다.

스토리텔링

《게티 타로》는 사주도 보는 타로 마스터이다. 영상에는 타로만 나오지만, 사주풀이처럼 스토리텔링이 가미된다. 대부분의 타로 마스터가 단일 카드의 의미를 풀이하고 다른 카드와 연결된 의미를 짚어준다면 게티 타로는 전체 카드를 보고 그녀가 직관적으로 떠오르는 장면을 예시로 설명한다.

필자가 선택한 카드에서 '무슨 일을 하는지 모르겠지만, 평범하지 않은 거 같아서 이걸 어떻게 표현해야 할지 모르겠다. 글을 쓴다든지 유튜브를 하는 것처럼 창조적인 일인데 그게 또 평범하지 않지만, 완전히 새로운 것은 아니라는데 기존의 것을 새로운 것으로 만드는 재주가 있다고 카드가 말해준다.'라고 표현했다. 기존 유튜브의 채널을 가지고 콘텐츠 예시를 드는 책을 쓰니 맞는 것인지도 모르겠다. 이런 특징은 시청자에게 타로 마스터가 이야기하고자 하는 타로 결괏값의 이해도를 높인다. 그녀의 말솜씨는 타로 마스터 중에서도 특출나다.

많은 타로 & 공감

《게티 타로》는 그녀의 직관력과 스토리텔링을 다양하게 하도록 타로를 많이 뽑는다. 그래서 직관으로 보이는 예시를 자세히 설명한다. 경력이 상당한 것으로 보이는 그녀는 과거에 상담한 내담자의 예시도 들려준다. 그리고 상황에 따라 시청자의 지금 상황을 공감하고 이해하는 표현을 자주 사용한다. 과거에 좋지 않았던 상황에 대한 묘사가 나오면 '힘들었던 상황이 전해져서 자신의 마음이 아프다'라는 공감과 함께 '이제 카드가 좋게 나왔으니, 앞으로 좋은 일이 있을 거다'라며 위로한다.

공감과 이해, 다양한 예시, 뛰어난 커뮤니케이션의 스킬이 이 채널의 가장 큰 특징이다. 다른 타로 마스터와 ENFJ의 비교는 P.124를 참고하자!

ENFJ를 위한 조언

"나만의 커뮤니케이션 스킬을
뽐내는 방송은 어때?"

말을 잘한다는 것은 '절대 색감'처럼 타고나는 것이다. 물론 연습을 통해서 발전할 수 있지만 연습하지 않아도 잘한다는 것은 큰 장점이다. 목적에 따라 상황에 맞는 적절한 표현과 어감을 살려 말하기는 매우 어려운 일이다.

그러니 ENFJ만의 장점을 살려 유튜브를 시작해 보는 건 어떨까 한다. 콘셉트는 '커뮤니케이션'이고 주제는 '타로'나 '게임'처럼 내가 좋아하는 것을 고르면 된다. 자! 시작해 볼까?

ENFJ

유튜브 콘텐츠 실습 노트

ENFJ인 나의 성격 적어보기

* 나의 강점 :

* 나의 약점 :

* 관심 있는 주제 :

* 참고할 만한 유튜버 :

* 나만의 콘셉트(형용사) 적어보기

ENFJ

ENFJ 유튜버 성장 일기 예시

-앞에서 살펴본 ENFJ의 강점, 약점, 유튜브에 적용가능한 능력을 예시로 왼쪽의 내 성격 특성과 유튜브 채널 콘셉트를 형용사로 적어보자. 아래 예시를 보고 유튜브 채널의 평가표와 비고란, 그래프를 채워보자.

* ENFJ만의 평가표 샘플

항목	세부내용	평가점수	수정사항
스토리텔링	이해와 공감이 있는 이야기	자신만의 기준으로 점수 매기기	추가 항목이나 삭제 항목 등 콘셉트 수정사항 적어보기
공감	공감 표현 횟수		
다양한 상황	직관적 예시 횟수		
조회수	시청자 조회수		

* 비고란

이번 주에 좋았던 반응이나 기억에 남는 독자 의견, 영상을 만들면서 어려웠던 점이나 다음부터 참고할 사항 등을 정리하자. 비고란의 글은 나만의 마인드맵이 될 수 있다. 일기처럼 적어보자!

* 지난 4주의 발자취

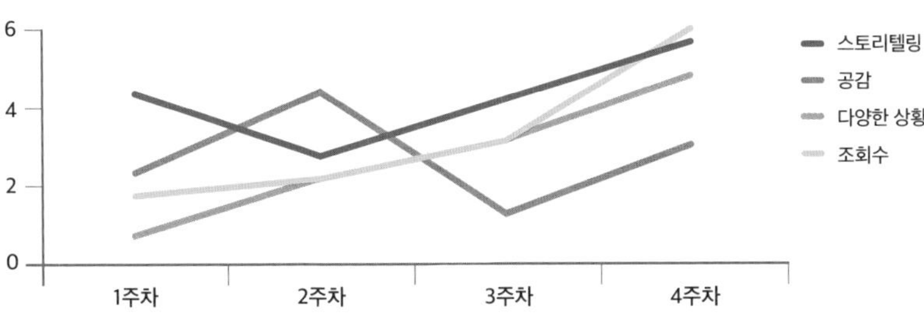

* ENFJ의 주의사항 관심 있는 주제로 스토리텔링 해보자!

ENFJ 유튜버 성장 일기

* 1주차

항목	세부내용	평가점수	수정사항

* 비고란

* 2주차

항목	세부내용	평가점수	수정사항

* 비고란

✻ 3주차

항목	세부내용	평가점수	수정사항

✻ 비고란

✻ 4주차

항목	세부내용	평가점수	수정사항

✻ 비고란

✻ 지난 4주의 발자취

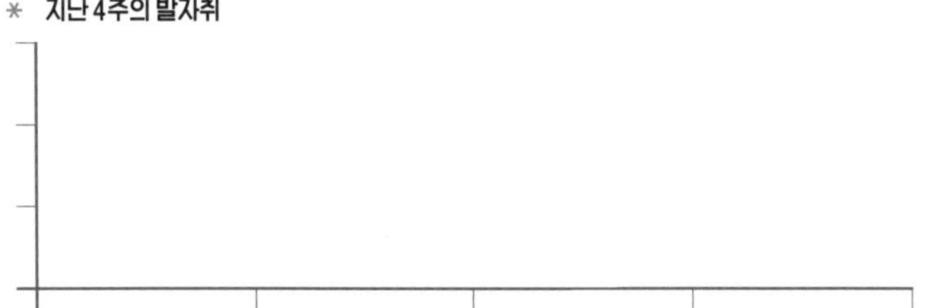

INFJ

나의 세계 만화가

INFJ 성격 콘셉트

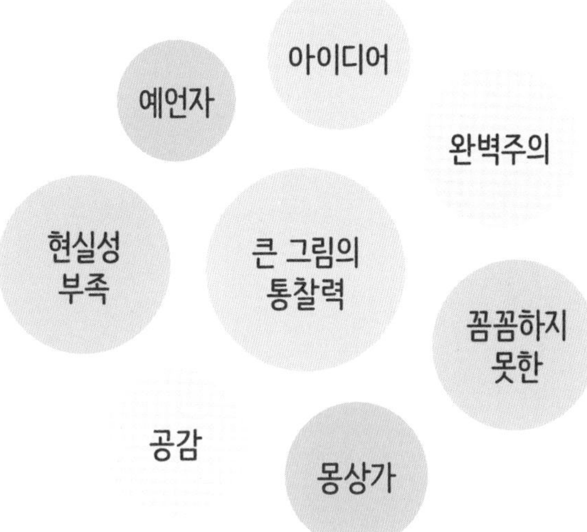

INFJ 유형의 특징

INFJ는
자기 세계가 있는
예언자 유형이다.

INFJ는 늘 내면세계를 탐구한다. 이 때문에 내면세계가 복잡하고 생각이 많다. 이들은 '어떻게 살 것인가?' 와 같은 영성, 죽음, 삶의 본질에 대해 고민한다. 자신의 복잡한 내면을 글이나 예술 작품으로 표현하는 것을 선호한다. 또한 인간의 이면이 잘 보여 사람에 대한 촉이 있다. 다른 사람의 감정에 대한 공감대가 높으며 INFJ 안에는 또 다른 내가 너무도 많다. 새로운 아이디어로 사람들의 성장과 발전을 도울 수 있는 일을 선호한다. 완벽주의자인 이들은 자기 아이디어를 다듬고 준비할 수 있는 충분한 시간을 원한다. 자기를 표현하고 통찰의 결과를 확인하는 일에 적합하다.

※ 좋고 나쁜 성격은 없다. 이 설명은 해당 유형의 특징이며, 장단점을 의미하는 것이 아님을 참고하자!

강점

아이디어가 많으며 독창적인 창의력을 가진다. 완벽주의에 자기 목표를 달성하려는 욕구가 강하다. 이들은 가치 있다고 믿는 일에 깊이 헌신하는 자세를 가진다. 공감 능력이 뛰어나 타인의 요구를 예측하는 예언자 능력을 갖춘다. 큰 그림을 보는 통찰력은 어느 성격유형보다 뛰어나다. 이런 통찰력을 이용해서 개인이 성장하도록 돕는 일에 만족감을 느낀다. 일에 대한 집중력이 뛰어나 효율성이 높은 편이다.

약점

공상에 빠져있는 시간이 많아 현실성이 떨어지는 경향이 있다. 빠르게 진행해야 하거나 시간제한이 있는 업무에 대해 어려움을 겪는다. 자기 공상과 이해한 복잡한 개념을 단순하게 표현하는 것을 어려워한다. 이미 세운 계획에 대해서는 변화에 대한 거부감이 있다. 이런 측면에서 변화에 대한 유연성이 떨어진다. 큰 그림을 보는 통찰력을 가지다 보니 세부 사항에 대한 꼼꼼함은 부족할 수 있다.

INFJ가 적응하기 쉬운 직업

다른 사람의 어려움을 돕고 공감할 수 있는 심리상담사나 상담치료사, 사회복지사
자기 헌신과 소명을 바탕으로 한 철학이 필요한 종교인, 종교 사업가
방대한 아이디어를 표출할 수 있는 예술가, 극작가, 시인, 소설가 등 예술인
크리에이티브 디렉터, 프리랜서, 편집자, 기획자 등 크리에이티브 분야
인력을 관리하고 인사를 주관하는 인사 담당자, 고용 담당자

이외에
여러 사람과 소통해야 하는 고객 관리 담당자, 자선 컨설턴트, 우수고객 판매자 등 해당 분야에서 탁월한 적응력을 가지고 있다.

위와 같이
INFJ는 사람들을 위로하고 공감대를 형성하며, 자신만의 세계를 펼치는 혼자 할 수 있는 업무에서 두각을 나타낸다.

※ 모든 성격유형은 모든 직업에 어울린다. 해당 유형의 특징과 장단점으로 적응하기 더 쉽거나 선호하는 직업을 나열한 것이니 참고하자!

INFJ 유튜브에 적용 가능한 능력

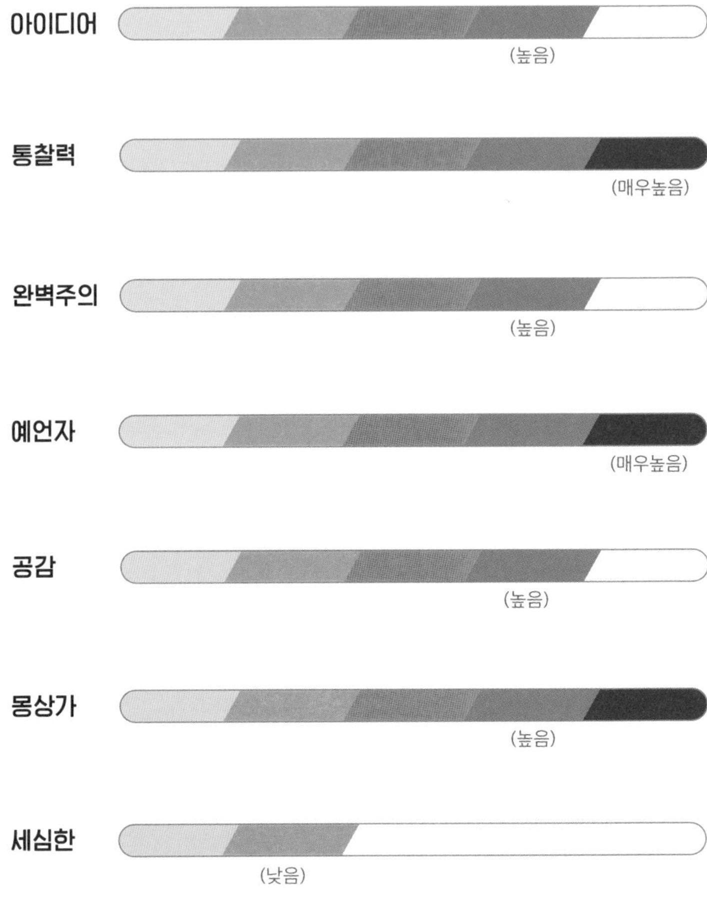

※ 모든 성격의 특징은 유튜브 콘셉트에 적용할 수 있다. 위 내용을 참고해서 유튜브 콘텐츠를 만들 때 항목을 추가하거나 삭제하자!

INFJ 유튜브 콘셉트 예시

※ MBTI 유형별 성향 중 일부 특성으로 예시 유튜브 채널을 선정했다. 해당 채널을 시청하며 유튜버의 콘셉트와 특성만 간단히 살펴보자! 예시로 든 유튜버가 해당 MBTI 유형이 아닐 수도 있으니 참고하자!

《타로마스터 정회도》 채널을 MBTI를 INFJ와 INFP 중 어느 유형에 넣을지 가장 오래 고민했다. 정회도 씨의 MBTI는 알려진 바 없다. 방송을 보거나 채널 영상을 봤을 때 E의 성향이라고 보기는 힘들었다. 그러나 독특한 점은 자신의 책이나 채널의 메인 화면에 본인의 얼굴을 크게 넣는다는 점이다. 그래서 INFJ와 INFP 중 독특함과 자기애가 조금 더 높은 INFJ로 선택했다.

이 책에서 소개한 유튜브 채널의 예시는 해당 채널의 콘셉트인 특성을 살펴보는 데 참고만 하길 바란다. 해당 채널 주인공의 MBTI 유형이 동일하지 않을 수 있다는 점을 다시 한번 강조한다.

아이디어

《타로마스터 정회도》 채널의 독특한 점은 또 있다. 타로 마스터가 경영학 박사라는 점이다. 경영학 박사인 자신이 타로 마스터가 되겠다고 하니 지인들이 말렸다는 이야기를 한 적이 있다. 그래도 꿋꿋하게 나아갔다는 그는 타로 상담뿐 아니라 타로협회를 만들어 자격증 과정을 운영하고 출판사를 설립해서 자신의 책을 출간했다. 이쯤 되면 타로와 관련된 모든 일을 했다고 해도 과언이 아니다.

예언자

자신의 복잡하고 방대한 통찰력을 글로 표현하는 것을 좋아하는 INFJ의 특성처럼 출간한 도서 제목은 《운의 알고리즘》, 《부자의 그림》, 《내 타로는 내가 본다》이다. 책의 제목과 내용도 일반적이지 않은 INFJ의 자신만의 세계가 느껴질 것이다.

통찰력

《타로마스터 정회도》가 다른 타로 채널과 또 다른 점은 자신이 만든 카드를 사용한다는 것이다. 기존 타로의 이미지를 자신만의 해석과 특징을 더해 만들었다. 이 외에도 '조언 카드', '부자의 그림 카드' 등 타로의 끝부분에 첨언으로 넣으면 좋을 내용의 카드도 만들었다. 또한, 타로를 직접 보는 앱도 영상에서 홍보한다. 이 모든 것의 대표가 정회도 씨인지는 알 수 없으나 타로를 보는 통찰력 이외에 타로로 할 수 있는 비즈니스에 대한 통찰력도 뛰어나 보인다.

타로마스터 정회도 @jeonghoido

ENFJ vs INFJ 타로유튜버 콘셉트 차이

ENFJ INFJ

게티타로		정회도	
제목	주제	제목	주제
곧 내 삶의 바꿔줄 선물 같은 일	행운	확실히 잘될 일 1가지	행운
곧 있을 놀라운 예언	미래	곧 있을 반전 사건	행운
지금 하는 일의 미래	직업운	이 사랑의 결말은 무엇일까?	연예운
지금부터 1년 뒤의 나	구체적인 시기의 운	내 고민이 어떻게 해결될까?	고민
나에게 와 줄 대박운	금전운	희망적인 소식	미래
하늘에 감사할 일	미래	앞으로 내가 하게 될 일	직업운
나에게 선물 될 희소식	행운	3개월 동안 생길 일	구체적인 시기의 운
우연히 만나게 될 행운	행운	대박을 가져다줄 귀인	귀인운
곧 나에게 이루어지는 것	미래	내가 잡게 될 천운	행운
곧 있을 기쁜 일	행운	1년 후 내 모습	미래
나에게 와 줄 좋은 소식	행운	생년월일로 보는 나의 돈 그릇	재물운
다가오는 운명적 사건	미래	올해 이동수가 있을까?	이동수

ENFJ는 리더십, 의사소통 능력, 커뮤니케이션 능력, 직관력, 인간에 대한 이해가 모두 높다. 그러므로 ENFJ 타로 마스터는 직관에 의한 커뮤니케이션을 중심으로 시청자에 대한 설득을 높이는 방향으로 영상이 제작된다. 반면 INFJ는 E에서 I만 바뀔 것 같지만 그렇지 않다. 완벽주의, 큰 그림의 통찰력, 아이디어가 많고 예언자의 특성이 있지만, 세밀한 부분까지 신경 쓰지 못한다. 그래서 영상 내용이 ENFJ만큼 풍부하지는 못하지만, 주제 선정은 더 체계적이다.

각각의 특성을 살펴보면 아래와 같다.

ENFJ 타로 유튜버

강점 : 직관력이 돋보이는 커뮤니케이션 스킬

약점 : 논리적인 부분이 약함

조언 : '대박운', '선물 같은 일', '희소식' 등 제목이 추상적인 단어로 의미 중복. 연예운, 금전운, 건강운, 구체적인 시기 등 논리적인 분류작업 필요함

INFJ 타로 유튜버

강점 : 아이디어가 풍부한 예언자

약점 : 세심하고 자연스러운 커뮤니케이션이 어려움

조언 : 다른 타로 마스터보다 해석하는 카드의 양이 적음. 더 자연스럽게 스토리텔링 하도록 타로를 늘리는 방안 검토

INFJ를 위한 조언

"통찰력으로 바라본
아이디어의 끝은 어디일까?"

타로 마스터, 타로, 타로 도서, 타로협회까지, 당신의 아이디어 끝은 어디일까? INFJ의 눈으로 바라본 끝없는 아이디어를 유튜브에 펼쳐 보자! 차곡차곡 쌓인다면 어느 시점 이후에는 모두 당신의 재산이 될 것이다. 무엇이 되지 않더라도 일단 당신의 아이디어를 영상으로 나열하자. 타로로 스토리텔링 되듯이 언젠가 이것이 통합되어 당신에게 힘이 될 날이 올 것이다. INFJ의 예지력을 발휘해 보자!

INFJ

유튜브 콘텐츠 실습 노트

INFJ인 나의 성격 적어보기

* 나의 강점 :

* 나의 약점 :

* 관심 있는 주제 :

* 참고할 만한 유튜버 :

* 나만의 콘셉트(형용사) 적어보기

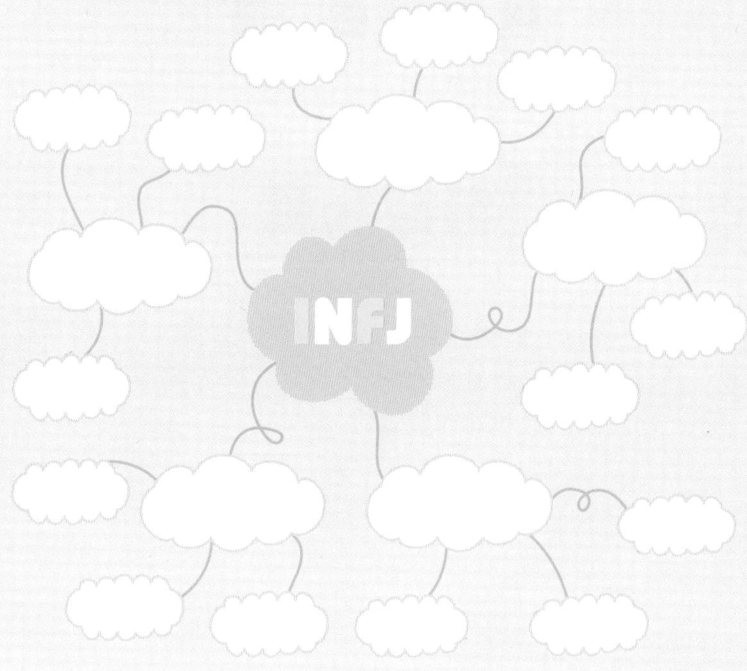

INFJ 유튜버 성장 일기 예시

-앞에서 살펴본 INFJ의 강점, 약점, 유튜브에 적용가능한 능력을 예시로 왼쪽의 내 성격 특성과 유튜브 채널 콘셉트를 형용사로 적어보자. 아래 예시를 보고 내 유튜브 채널의 평가표와 비고란, 그래프를 채워보자.

* INFJ만의 평가표 샘플

항목	세부내용	평가점수	수정사항
통찰력	사물을 바라보는 통찰력	자신만의 기준으로 점수 매기기	추가 항목이나 삭제 항목 등 콘셉트 수정사항 적어보기
아이디어	독창적인 아이디어		
공감	공감 표현은 어떤지		
조회수	시청자 조회수		

* 비고란

이번 주에 좋았던 반응이나 기억에 남는 독자 의견, 영상을 만들면서 어려웠던 점이나 다음부터 참고할 사항 등을 정리하자. 비고란의 글은 나만의 마인드맵이 될 수 있다. 일기처럼 적어보자!

* 지난 4주의 발자취

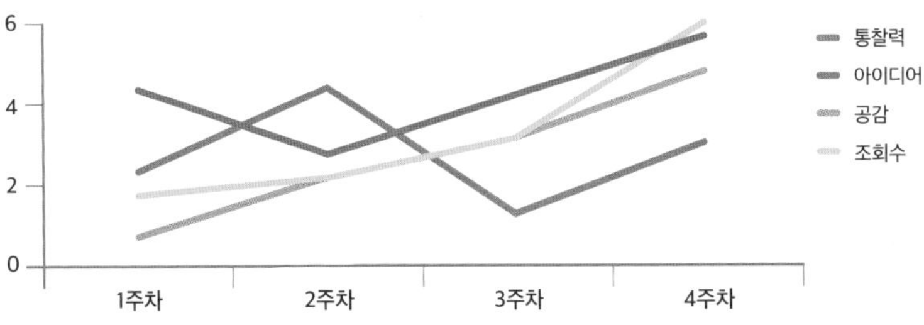

* INFJ의 주의사항 당신의 아이디어를 맘껏 펼쳐보세요!

INFJ 유튜버 성장 일기

✳ 1주차

항목	세부내용	평가점수	수정사항

✳ 비고란

✳ 2주차

항목	세부내용	평가점수	수정사항

✳ 비고란

* 3주차

항목	세부내용	평가점수	수정사항

* 비고란

* 4주차

항목	세부내용	평가점수	수정사항

* 비고란

* 지난 4주의 발자취

ENFP

열정적인 몽상가

ENFP성격 콘셉트

매일을 새날같이

창의적인

호기심 가득한

열정 과다

동기부여

통찰력

일상 반복 어려움

타인 파악

창의적인

ENFP 유형의 특징

> ENFP는
> 독립적으로 일하는 것을
> 선호하는 유형이다.

ENFP는 E의 성향이 있어 함께 일하는 것을 좋아할 거로 생각한다. 그러나 독립적인 것을 더 선호한다. 나만의 상상 세계를 다른 사람에게 설득하는 과정은 많은 에너지를 소모하게 만들어서 처음부터 함께하는 것보다 어느 정도 틀과 성과가 나온 상태에서 타인과 협력하는 편이 낫다. ENFP의 또 다른 특성은 준비를 완벽하게 하고 시작하지 않고 바로 시작한다는 점이다. 다른 이들이 보기에 불완전하게 일하는 것처럼 보일 수 있다. 그러니 ENFP가 유튜버라면 독립적이지만 상호 작용과 협력이 필요하면 유연하게 작업하기를 추천한다.

※ 좋고 나쁜 성격은 없다. 이 설명은 해당 유형의 특징이며, 장단점을 의미하는 것이 아님을 참고하자!

강점

창의적인 업무에서 열정과 희열을 느끼는 유형으로 '무에서 유를 창조'하는 과정을 즐긴다. 영감에서 얻은 상상의 세계를 현실로 끌어내는 과정을 좋아하며 유튜브도 이런 콘셉트를 정한다면 열정적으로 작업할 수 있을 것이다. ENFP는 자기 생각이나 의견을 적극적으로 표현하는 것을 즐기며 자신의 열정이 넘쳐나 다른 사람의 열정에도 불을 댕기는 재능이 있다. 또한 사람을 보는 통찰력이 있어 타인의 요구와 동기를 파악하는 능력이 있다.

약점

열정은 파워풀한 힘이다. 그래서 지속하기는 힘들다. ENFP는 어떤 일에 열정이 생기면 바로 시작하지만, 마무리까지 이 에너지를 가져가기 힘들다. 창의적이지 않고 반복적인 일을 견디기 힘들며 틀에 박힌 것을 싫어한다. ENFP가 일의 마무리가 어려운 것은 한 번에 여러 가지 일을 하려는 경향 때문이기도 하다. 여러 가지 일을 한꺼번에 벌이다 보니 중간쯤 되면 방전상태가 된다. 그래서인지 세부적인 사항을 챙기는 것을 힘들어한다.

ENFP가 적응하기 쉬운 직업

상상의 나래를 자유롭게 표현하는 예술가
글로 표현하는 시나리오 작가나 극작가
몸이나 표정, 언어로 표현하는 배우
자기 생각과 의견을 전달하는 방송 프로듀서, 라디오 및 팟캐스트 프로듀서
마케팅이나 기획 분야의 홍보 전문가, 카피라이터, 비즈니스 분야 컨설턴트, 마케팅 책임자

이 외에
교육 심리학자, 부모 교육 강사, 특수 교육 교사 등 교육, 상담, 사회복지 분야에도 탁월한 적응력을 보인다.

위와 같이
ENFP는 사람들을 도와주며, 함께 만들어 가는 업무에서 두각을 나타낸다.

※ 모든 성격유형은 모든 직업에 어울린다. 해당 유형의 특징과 장단점으로 적응하기 더 쉽거나 선호하는 직업을 나열한 것이니 참고하자!

ENFP 유튜브에 적용 가능한 능력

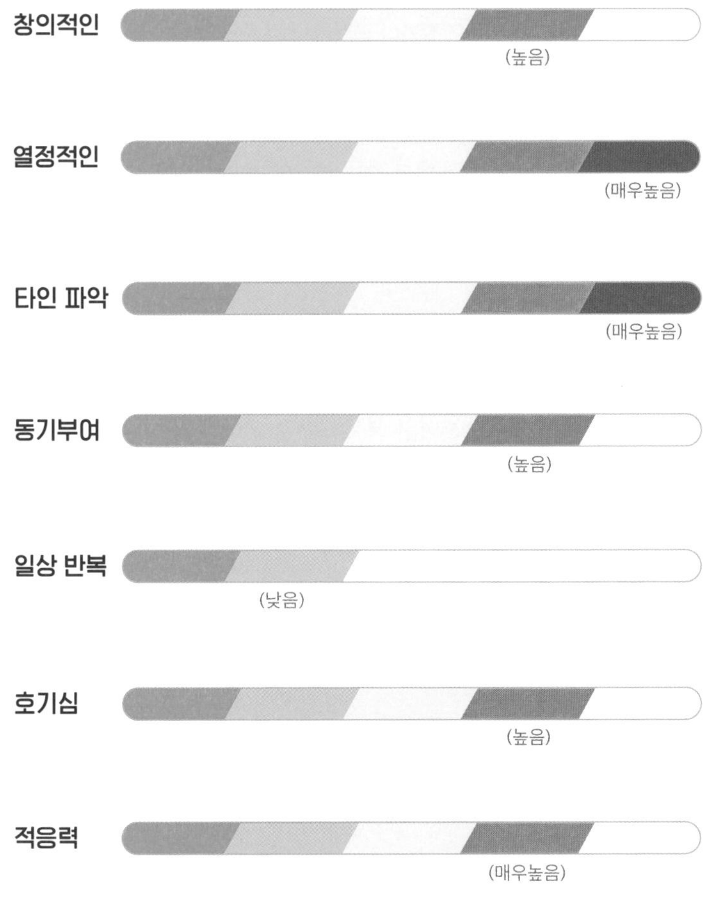

※ 모든 성격의 특징은 유튜브 콘셉트에 적용할 수 있다. 위 내용을 참고해서 유튜브 콘텐츠를 만들 때 항목을 추가하거나 삭제하자!

ENFP 유튜브 콘셉트 예시

※ MBTI 유형별 성향 중 일부 특성으로 예시 유튜브 채널을 선정했다. 해당 채널을 시청하며 유튜버의 콘셉트와 특성만 간단히 살펴보자! 예시로 든 유튜버가 해당 MBTI 유형이 아닐 수도 있으니 참고하자!

ENFP의 타오르는 열정을 표현하는 채널로 《브루스리 TV》를 골랐다. 비보이 여행 유튜브였던 그가 결혼과 함께 신혼집 대신 캠핑카를 구입해 신혼여행부터 캠핑을 시작했다. ENFP는 보리밥을 먹어도 촛불을 켜는 낭만이 있다면 만족한다. 현실을 직시하면 아찔해 보이지만 이것이 ENFP의 매력이다. 《브루스리 TV》 채널을 더 살펴보자!

열정 & 낭만

열정적이며 낭만적인 ENFP가 여행이나 캠핑에 꽂혔다면 신혼집 대신에 캠핑카를 선택할 만하다. 이해해 준 아내가 더 대단해 보이는 이 채널은 결혼한 지 얼마 되지 않아 앞으로의 영상이 더 기대된다. 그러나 아이를 키우는 나로서 '아이가 생기면 어떻게 할까?' 하는 걱정이 드는 것도 사실이다. 그러나 괜찮다. 적응력이 뛰어난 ENFP 아닌가? 어떤 상황에서든 비보이의 열정과 ENFP의 긍정 아이콘으로 적응할 수 있을 것이다.

일상 반복

ENFP의 가장 큰 취약점은 일상의 반복이 힘들다는 점이다. ENFP인 필자가 13년간 직장생활을 한 비결은 1년마다 업무가 바뀌었기 때문이다. 부서가 변경되어 늘 새로운 업무였다. 여행 유튜버로 산다는 것은 어떤 삶일까? 어떤 이는 안정적이지 못하다고 말할 수 있지만, 늘 변화무쌍할 것이다. 일상이 반복되지 않는다는 것은 ENFP가 즐길 수 있는 환경이라는 것을 의미한다.

창의 & 즉흥

채널은 미리 기획한 것이 아닌 즉흥적이며 창의성이 엿보이는 영상이 대부분이다. 비보이 영상의 특징이기도 하지만, 접근하는 방법이 즉흥적이기도 하다. 그래서 시청자의 호응이 더 높은지도 모르겠다. 이것은 미리 계획하고 틀에 박힌 방식을 싫어하는 ENFP의 특징이기도 하다.

ENFP를 위한 조언

"당신의 열정을 다 보여줘도 괜찮아!"

혹자는 한 가지 일을 진득하게 하지 않고 여러 가지 일을 하는 ENFP를 불안하게 바라볼 수 있다. 그러나 주변을 살펴보라! 한 가지 일만 하며 평생 사는 사람이 얼마나 될까? 회사원이었다가 농사짓는 사람도 있고, 연구원이었다가 가정주부가 된 이도 있으며, 교수가 꿈이었으나 출판사 대표가 된 이도 있다.

당신에게 열정이 있다면 결심할 필요가 없다. 지금 당장 보여주면 된다. 앞으로도 ENFP의 수많은 열정을 같은 ENFP로써 응원한다.

ENFP

유튜브 콘텐츠 실습 노트

ENFP인 나의 성격 적어보기

* 나의 강점 :

* 나의 약점 :

* 관심 있는 주제 :

* 참고할 만한 유튜버 :

* 나만의 콘셉트(형용사) 적어보기

ENFP 유튜버 성장 일기 예시

-앞에서 살펴본 ENFP의 강점, 약점, 유튜브에 적용가능한 능력을 예시로 왼쪽의 내 성격 특성과 유튜브 채널 콘셉트를 형용사로 적어보자. 아래 예시를 보고 유튜브 채널의 평가표와 비고란, 그래프를 채워보자.

* ENFP만의 평가표 샘플

항목	세부내용	평가점수	수정사항
열정	열정, 추억 지수 평가	자신만의 기준으로 점수 매기기	추가 항목이나 삭제 항목 등 콘셉트 수정사항 적어보기
낭만	낭만 지수 평가		
캠핑카	캠핑카의 특성을 살린 점		
조회수	시청자 조회수		

* 비고란

이번 주에 좋았던 반응이나 기억에 남는 독자 의견, 영상을 만들면서 어려웠던 점이나 다음부터 참고할 사항 등을 정리하자. 비고란의 글은 나만의 마인드맵이 될 수 있다. 일기처럼 적어보자!

* 지난 4주의 발자취

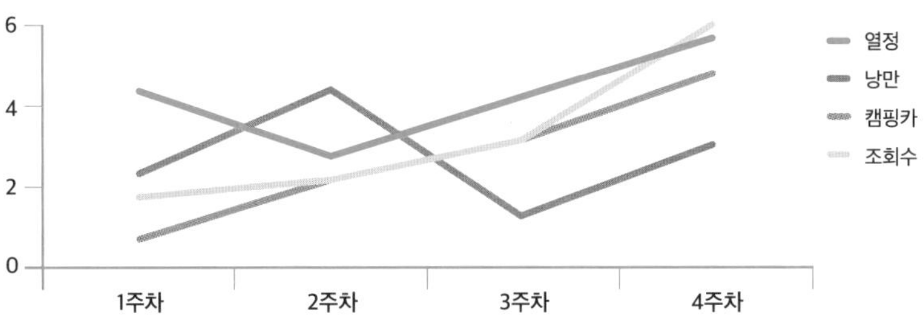

ENFP의 주의사항 실수도 추억이니 당신의 도전을 계속 보여주세요!

♡ ENFP 유튜버 성장 일기

✳ 1주차

항목	세부내용	평가점수	수정사항

✳ 비고란

✳ 2주차

항목	세부내용	평가점수	수정사항

✳ 비고란

* 3주차

항목	세부내용	평가점수	수정사항

* 비고란

* 4주차

항목	세부내용	평가점수	수정사항

* 비고란

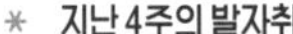

INFP

느긋한 예술가

INFP 성격 콘셉트

게을러도 가능한

디자이너

고정관념을 깨는

카운셀러

집중력

예술적인

일도 취미처럼

로맨티스트

인간적인

INFP 유형의 특징

> INFP는
> 몽상가적인 특성이 강한
> 예술가 유형이다.

아이디어와 탐구 능력은 뛰어나지만, 그것을 행동으로 옮기는 것보다 상상 자체를 즐긴다. 간혹 사람들이 '게으르다'라고 말하기도 하지만, 실상 그들은 자신이 행동하기 이전에 훨씬 더 많은 시간을 생각하는데 소요한다. 그러니 더 정확하게 표현하자면 '게으르다'기 보다 '상상의 나래를 펼치는' 공상에 에너지를 더 많이 소모하니 실제로 움직일 수 있는 에너지가 줄어드는 셈이다. INFP 캐릭터는 이런 몽상가적인 특성을 살려 그렸다. 그리고 순수예술가적인 성향이 있어 일이 얼마나 걸릴지에 대해 명확하게 인지하지 못한다. 타고난 이상주의자이며 세부적인 일을 마무리하는 능력이 부족하다.

※ 좋고 나쁜 성격은 없다. 이 설명은 해당 유형의 특징이며, 장단점을 의미하는 것이 아님을 참고하자!

강점

인간관계를 중시하며 인간을 이해하는 능력이 있어 인간의 이면을 보는 안목이 있다. 이 때문에 사람들의 요구 사항과 동기에 예민해 유튜버로서 댓글을 다는 독자와 댓글 놀이를 하기에 적절한 성격유형이다. 상호소통하는 콘셉트로 채널을 운영하는 것이 INFP에는 적당하다. 방향과 속도를 빠르게 조정하는 능력이 뛰어나 재치 있는 대답이나 응대에 좋은 감각이 있다. 온정적이고 조용하며 자신이 지향하는 일에는 정열적이며 집중력이 뛰어나다. 혼자 일하는 것에 더 익숙하며, 고정관념을 깨고 새로운 가능성에 탐구하는 것을 좋아한다.

약점

객관적인 분석이나 어떤 일에 대한 구조화를 어려워한다. 타고난 몽상가로 비현실적이라는 것 또한 단점일 수 있다. 행동보다 반성에 더 많은 시간을 소요하는 INFP는 아무래도 생각을 실행하는데 다른 성격유형에 비해 많은 에너지가 필요하다. 경직된 구조나 사고가 경직된 사람을 견디기 힘들어한다. 모든 일에 마무리가 약하다. 판에 박힌 일을 싫어한다.

INFP가 적응하기 쉬운 직업

상상의 나래를 자유롭게 표현하는 예술가
글로 표현하는 시인이나 소설가
인문이나 예술 계열의 교육자나 대학교수
몸이나 표정, 언어로 표현하는 배우
음악으로 표현하는 음악가, 작곡가
편집자, 영화 편집자 등과 같은 편집 분야
그래픽 디자이너, 인테리어 디자이너, 출판 디자이너, 비디오 게임 디자이너의 디자인
인간관계를 중시하는 교육 분야나 상담 분야, 컨설턴트, 심리학자

위와 같이

예술, 음악, 편집, 상담 등 유튜브에 필요한 모든 기능을 가지는 INFP 유형이다. 하지만, 실행력이 약하다. 물론 자신이 열정을 가진 일에는 에너지를 쏟아붓지만 대체로 일도 취미처럼 느슨하게 한다. 그래서 유튜브를 느슨하게 하든 타이트하게 하든 당신이 좋아하는 일을 하라는 것이다. 그것이 일이든 취미생활이든 무엇이든 간에 말이다.

※ 모든 성격유형은 모든 직업에 어울린다. 해당 유형의 특징과 장단점으로 적응하기 더 쉽거나 선호하는 직업을 나열한 것이니 참고하자!

INFP 유튜브에 적용 가능한 능력

※ 모든 성격의 특징은 유튜브 콘셉트에 적용할 수 있다. 위 내용을 참고해서 유튜브 콘텐츠를 만들 때 항목을 추가하거나 삭제하자!

INFP 유튜브 콘셉트 예시

침착맨 @calmdownman_official

※ MBTI 유형별 성향의 일부 특성으로 예시 유튜브 채널을 선정했다. 해당 채널을 시청하며 유튜버의 콘셉트와 특성만 간단히 살펴보자! 예시로 든 유튜버가 해당 MBTI 유형이 아닐 수도 있으니 참고하자!

만화가 이말년은 웹툰 그림에도 INFP라는 것이 느껴진다. 개성 있는 화풍이지만 열심히 그린 느낌은 또 아니다. 이것은《무한도전》출연 당시 작가 스스로 인정한 부분이기도 하다. INFP인 이말년의《침착맨》채널을 소개한다.

모든 걸 만화처럼

그의 상상의 세계가 가장 돋보이는 영상은 '침착맨 삼국지 완전판'이다. 삼국지를 만화처럼 설명하는 데 만화책을 읽어주는 '이말년 표 삼국지'라고 보면 된다. 조회수가 무려 1,259만 회로 댓글을 보면 본 사람이 보고 또 본다는 내용이 많은데 아이러니한 것은 보고 또 봐도 삼국지 결말을 모르겠다는 댓글이 많다는 점이다. 마무리가 약한 INFP의 특성을 보여준다.

맛없는 먹방

먹방이 대세인 요즘 맛없게 먹기로 유명한 먹방을 한다. 새로 출시된 라면을 주작(?)으로 먹은 영상이 이슈가 되어 간혹 광고도 찍는다. 사고방식이 비현실적이니 만화가답게 상상의 세계를 자주 표현하며 유머러스하다. 침착맨은 이런 의미에서 만화책을 보는 느낌이 강하다.

만화적 해석

이집트 전문가와 카트라이더 이집트 맵을 분석한다. 아이디어 자체가 기발하다. 카트라이더 이집트 맵의 처음 공중에 날아서 등장하는 독수리가 이집트 독수리가 아니라 미국에 서식하는 흰머리 독수리라니! 재밌자고 만든 게임을 이렇게까지 궁서체로 분석할 필요가 있을까 싶을 정도로 이집트 전문가와 침착맨은 시종일관 진지하다. 그런 장면을 시청하는 것은 어느 코미디 프로보다 재밌다. 카트라이더는 X세대부터 알파 세대를 아우르는 넘사벽 게임이다. 그러니 누가 틀어도 공감대가 형성될 것이다.

고정관념 파괴

주제부터 내용까지 그날 꽂히는 다양한 이야기를 나눈다. 그 범주가 AI, 삼국지, 킹뚜껑, 카트라이더, 봄맞이 백일장처럼 연관성이나 전문성이 없어 보이지만 유쾌하게 풀어간다. 개인적으로 모든 콘셉트가 유머와 연결되면 시청자가 재미있을 확률이 높아지는 것 같다.

침착맨 @calmdownman_official

INFP를 위한 조언

"하고픈 대로 다 해!
다만, 멈추지만 말고…"

INFP 성격유형인 당신에게 말하고 싶다. '당신 하고 싶은 대로 아무거나 다해도 좋아요!' 오늘 이거 하다가 싫증 나면 내일은 다른 걸 하면 그만이다. 침착맨의 댓글 중 가장 많은 내용이 '우리 방장이 이거 마무리하는 거 한번 봤으면 좋겠어요.'이다. 그러나 그렇게 댓글까지 다는 정성이라면 그 시청자는 이미 당신의 매력에 빠졌다. 그도 하나만 줄기차게 파는 당신을 기대하지는 않을 것이다. 그냥 하고 싶은 대로 하자! 예술가인 당신의 상상 나래를 유튜버에 펼쳐보자. 다만 지쳐 그만두지만 않는다면 모두 괜찮다!

INFP

유튜브 콘텐츠
실습 노트

INFP인 나의 성격 적어보기

* 나의 강점 :

* 나의 약점 :

* 관심 있는 주제 :

* 참고할 만한 유튜버 :

* 나만의 콘셉트(형용사) 적어보기

INFP 유튜버 성장 일기 예시

-앞에서 살펴본 INFP의 강점, 약점, 유튜브에 적용가능한 능력을 예시로 왼쪽의 내 성격 특성과 유튜브 채널 콘셉트를 형용사로 적어보자. 아래 예시를 보고 유튜브 채널의 평가표와 비고란, 그래프를 채워보자.

* INFP만의 평가표 샘플

항목	세부내용	평가점수	수정사항
유머	만화스러운 유머	자신만의 기준으로 점수 매기기	추가 항목이나 삭제 항목 등 콘셉트 수정사항 적어보기
인간적인	꾸밈없는지		
일도 취미	'꼭 해야 할까?' 하는 일		
조회수	시청자 조회수		

* 비고란

이번 주에 좋았던 반응이나 기억에 남는 독자 의견, 영상을 만들면서 어려웠던 점이나 다음부터 참고할 사항 등을 정리하자. 비고란의 글은 나만의 마인드맵이 될 수 있다. 일기처럼 적어보자!

* 지난 4주의 발자취

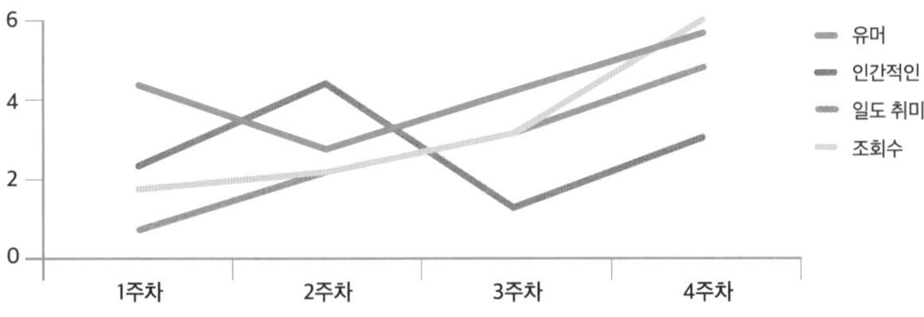

* INFP의 주의사항 평가표 한 번만 해주세요!

INFP 유튜버 성장 일기

1주차

항목	세부내용	평가점수	수정사항

비고란

2주차

항목	세부내용	평가점수	수정사항

비고란

✳ **3주차**

항목	세부내용	평가점수	수정사항

✳ **비고란**

✳ **4주차**

항목	세부내용	평가점수	수정사항

✳ **비고란**

✳ **지난 4주의 발자취**

ESTJ

불도저 리더

ESTJ 성격 콘셉트

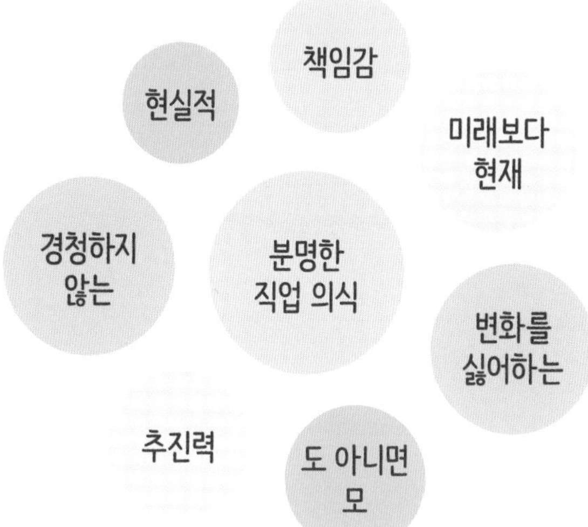

ESTJ 유형의 특징

ESTJ는
어떤 성격유형보다
에너지가 넘치는 유형이다.

MBTI 16가지 유형 중 발표하는 자리에서 누구보다 먼저 손드는 것은 단연 ESTJ이다. 그래서 학창 시절에 반장이나 회장 선거에 가장 많이 나갔을 것이다. 과제나 할 일이 있으면 먼저 끝낸 후에 다른 일을 해야 직성이 풀린다. 그래서 할 일을 미뤄두는 것에 대해 이해하지 못한다. 이처럼 무엇이든 속전속결에 불도저와 같이 파워풀한 ESTJ는 조직을 이끄는 리더십으로 늘 앞장서기를 마다하지 않는다. 이들은 자신의 강한 에너지를 풀어내기 위해 미리 계산된 환경에서 계획된 방식을 진행하는 것을 선호한다. ESTJ 캐릭터를 군 장교의 모습으로 그린 것은 정형화된 환경을 좋아하는 이러한 특성 때문이다.

※ 좋고 나쁜 성격은 없다. 이 설명은 해당 유형의 특징이며, 장단점을 의미하는 것이 아님을 참고하자!

강점

ESTJ의 높은 에너지는 조직을 이끄는 데 도움이 된다. 그래서 이들은 어디를 가나 관리자나 그 기관의 장을 맞는다. 추진력이 높으며 일에 대해서는 불도저 같은 힘이 있을 뿐 아니라 속도 또한 빠르다. 그래서 이들은 높은 성과를 내는 일에서 두드러진다. 자신의 의견을 자신감 있는 목소리로 또박또박 전달하는 것이 ESTJ의 큰 특징이기도 하다. 누가 시키지 않아도 자기 일을 계획을 세워서 효율성 있게 처리한다. 공부 잘하는 엄친아가 많은 것은 이것 때문이다.

약점

다른 사람의 감정에 관심이 없으며, 타인의 말에 귀 기울이지 않는다. 이것은 다양한 이견을 조율하고 그것에 관한 결과를 산출하는 역할에 약할 수 있다. 자신만의 방식으로 일을 밀어붙이거나 의견을 주장하며 느리거나 완벽하지 못한 타인에게 '무시'의 코드를 던질 수 있어 주의가 필요하다. 타인의 감정을 고려하는 업무는 적합하지 않다. 변화에 대한 융통성이 부족해 갑작스럽게 변경된 약속이나 일정을 당황스러워한다. 이들의 힘은 계획과 자신만의 논리로 계산된 방식에서 비롯되는데 이것 중 하나라도 틀어지면 참아내기 힘들어한다.

ESTJ가 적응하기 쉬운 직업

현실적이고 구체적인 계획을 세우는 보험 설계사, 판매 대리인
표준 절차가 세워진 산업 안전 보건 전문가, 공무원, 건축 감리사, 군 장교
즉각적이고 분명한 결과가 나타나는 예산 분석가, 원가 관리사, 신용 분석가
논리와 이론으로 적응 가능한 전문직인 컴퓨터 시스템 관리자, 경영 분야의 책임자
전문직 분야의 의사, 판사, 교사, 통계학자

이처럼
전문적인 지식을 토대로 필요한 시스템이 구축되어 근무 환경의 변화가 거의 없는 직종에 적합하다. 또한, 권위 있는 임원이나 직급 있는 공무원 계급에서 지시를 내리는 직업에 적합하다.

위와 같이
정보를 수집하고 정리해서 이를 활용하는 논리적인 업무에서 두각을 나타낸다. 사람의 감정에 무관심하므로 사람에게 영향을 미치는 직업은 되도록 피하는 것이 스트레스가 적을 것이다.

※ 모든 성격유형은 모든 직업에 어울린다. 해당 유형의 특징과 장단점으로 적응하기 더 쉽거나 선호하는 직업을 나열한 것이니 참고하자!

ESTJ 유튜브에 적용 가능한 능력

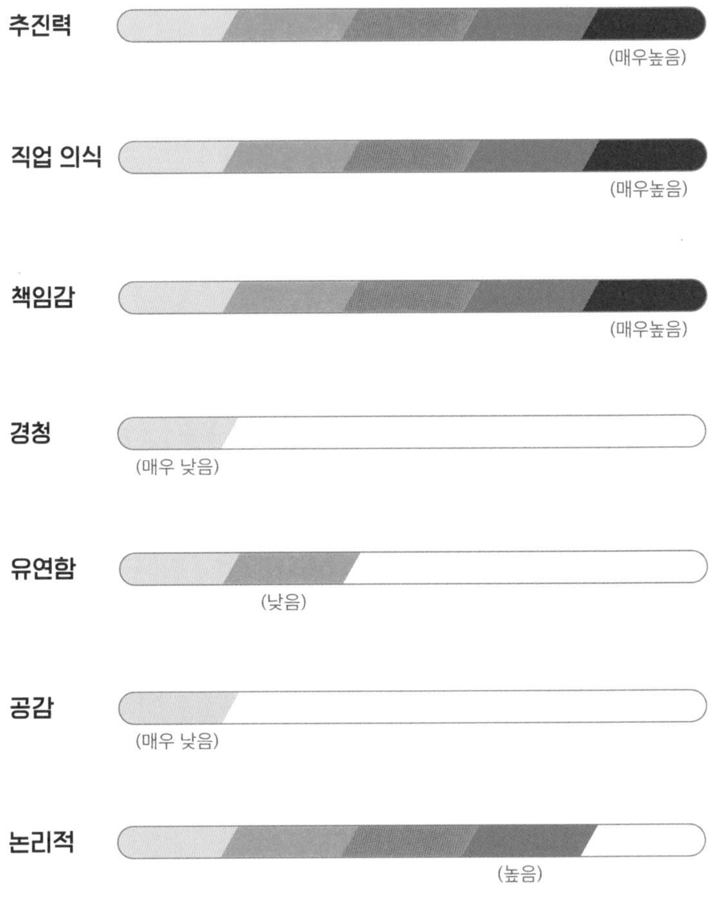

※ 모든 성격의 특징은 유튜브 콘셉트에 적용할 수 있다. 위 내용을 참고해서 유튜브 콘텐츠를 만들 때 항목을 추가하거나 삭제하자!

ESTJ 유튜브 콘셉트 예시

※ MBTI 유형별 성향 중 일부 특성으로 예시 유튜브 채널을 선정했다. 해당 채널을 시청하며 유튜버의 콘셉트와 특성만 간단히 살펴보자! 예시로 든 유튜버가 해당 MBTI 유형이 아닐 수도 있으니 참고하자!

ESTJ의 추진력과 정보를 정리하는 능력 그리고 무엇보다 급한 성격을 잘 표현한 유튜버 《1분미만》을 소개한다. ESTJ는 '발표할 사람?'하고 선생님이 물으면 가장 먼저 손을 든다. 그리고 과제가 있다면 그날 바로 해야 한다. 시간이 걸리는 과제라도 미리 해두어야 다음 일이 손에 잡히는 스타일이다.

말끊말빠

빠르고 정확하게 그리고 누구보다도 완벽하게 업무를 해내는 장점을 살린 《1분미만》은 자기 말도 중간에 자른다. "여러분께 오늘 그 내용에 관해서 설명…, 그래서 이렇게 되었다는…, 그럼 오늘도 즐거운 하루가…" 꼭 전달해야 하는 정보가 포함되지 않은 문장은 끝까지 말하지 않는다. 성질 급한 사람은 한 번쯤 웃고 보는 영상은 말 속도도 빠르게 2배속으로 듣는 느낌이다.

무한 정보

이렇게 무한정보를 제공하는 이 채널을 자세히 보면 다른 정보도 얻을 수 있다. 세종시와 제주도에서 시행되기 시작한 '1회용컵 보증금제'를 안내하는 영상에서 '자원순환보증금 관리센터의 자문 및 지원을 받아 제작하였습니다.'라는 문구를 볼 수 있다. 실제로 자원순환보증금 관리센터 홈페이지 공지사항에는 대학생 서포터즈를 모집하는 공고를 볼 수 있었다. 무한 정보를 제공하는 유튜버를 통해 국가사업도 알 수 있으니, 이것이야말로 일거양득이 아닐까 한다.

1분 미만?

유튜브 채널의 콘셉트가 급한 한국인을 위한 정보 전달의 느낌이다. 가장 확실한 것은 제목에서 풍겨오는 것이 아닐까 한다. 그러나 이 채널 영상 길이가 1분 넘어가는 것이 6~70%이다. 물론 1분 미만의 영상도 있지만, 1~2분 내외의 영상이 대부분이다. 수학에서 의미하는 미만의 범주는 해당 숫자를 포함하지 않는 더 작은 숫자를 의미한다. 그러니 1분 미만의 의미는 59.99초까지인 것이다. 그런데 제목을 《1분 미만》으로 지은 것은 순전히 ESTJ의 급함과 추진력을 포함한 것이 아닐까 추측해 본다.

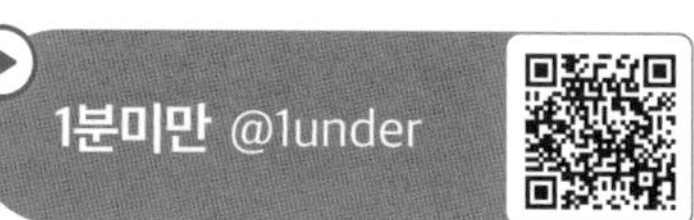

ESTJ를 위한 조언

"내 스타일대로
밀고 나간다면 OK!"

누구보다 빠르고 추진력 있으며, 똑똑한 ESTJ!
당신을 속도와 정확성, 성실함에서 따라갈 자가 없다. 어차피 혼자 사는 인생! 혼자 하는 유튜브라면 이것만큼은 당신 스타일대로 밀고 나간다고 누가 뭐라 할 것인가? ESTJ의 속도와 스타일로 밀어붙이자!

ESTJ

유튜브 콘텐츠
실습 노트

ESTJ인 나의 성격 적어보기

* 나의 강점 :

* 나의 약점 :

* 관심 있는 주제 :

* 참고할 만한 유튜버 :

* 나만의 콘셉트(형용사) 적어보기

ESTJ

ESTJ 유튜버 성장 일기 예시

-앞에서 살펴본 ESTJ의 강점, 약점, 유튜브에 적용가능한 능력을 예시로 왼쪽의 내 성격 특성과 유튜브 채널 콘셉트를 형용사로 적어보자. 아래 예시를 보고 내 유튜브 채널의 평가표와 비고란, 그래프를 채워보자.

* ESTJ만의 평가표 샘플

항목	세부내용	평가점수	수정사항
추진력	바로 찍고 업로드	자신만의 기준으로 점수 매기기	추가 항목이나 삭제 항목 등 콘셉트 수정사항 적어보기
정보	정보의 정확성 재확인		
결론만	빠르고 간결했는지		
조회수	시청자 조회수		

* 비고란

이번 주에 좋았던 반응이나 기억에 남는 독자 의견, 영상을 만들면서 어려웠던 점이나 다음부터 참고할 사항 등을 정리하자. 비고란의 글은 나만의 마인드맵이 될 수 있다. 일기처럼 적어보자!

* 지난 4주의 발자취

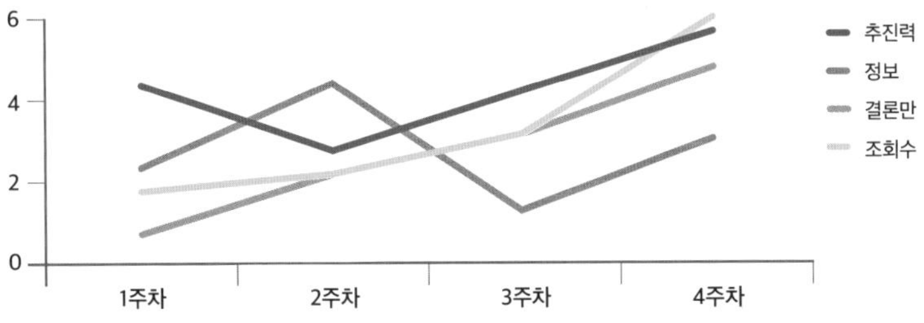

* ESTJ의 주의사항 다른 사람의 조언도 가끔 들어 봐요!

ESTJ 유튜버 성장 일기

* 1주차

항목	세부내용	평가점수	수정사항

* 비고란

* 2주차

항목	세부내용	평가점수	수정사항

* 비고란

* 3주차

항목	세부내용	평가점수	수정사항

* 비고란

* 4주차

항목	세부내용	평가점수	수정사항

* 비고란

* 지난 4주의 발자취

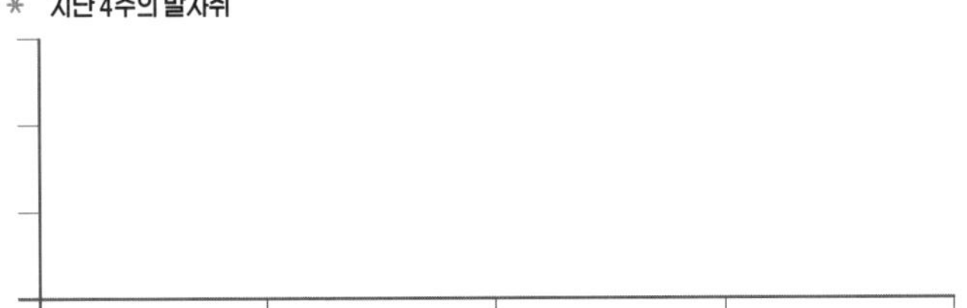

ISTJ

정리의 달인

ISTJ 성격 콘셉트

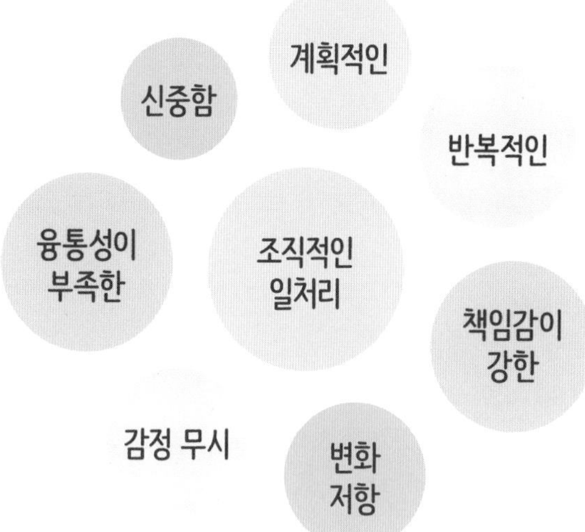

ISTJ 유형의 특징

ISTJ는
부지런하고 성실하며
책임감 있는 유형이다.

반복적이며, 계획적이고, 조직적인 일에 능숙한 틀에 박힌 업무를 하나씩 처리할 때 가장 집중력이 강하다. 일상생활도 계획적으로 수행하기 때문에 시간에 대해 민감하며 이 때문에 시간약속을 어기는 사람을 매우 싫어한다. 이런 성향은 변화가 있고, 시일이 오래 걸리며, 예측하기 힘든 일에 대해 받아들이기 힘들어한다. 세심하고 집중력 있으며, 꼼꼼한 성격은 숫자와 관련된 업무에 실수를 적게 만든다. 어떤 상황에서든 대화를 즐기지 않으며, 타인의 감정에 대해 무심하고 공감이 어려워서 사람과 관련된 업무에 적합하지 않다.

※ 좋고 나쁜 성격은 없다. 이 설명은 해당 유형의 특징이며, 장단점을 의미하는 것이 아님을 참고하자!

강점

매우 꼼꼼하며 현실적인 ISTJ는 업무 중심적이다. 혼자 하는 일에 강점을 보이며 변화가 거의 없는 전통적인 구조를 선호한다. 책임감이 강하고 목표를 달성하기 위한 끈기가 있다. 과제나 할 일이 생기면 그 일을 완료한 후에 다음 일을 한다. 일과 일상생활 모두 계획적으로 하는 것을 선호한다. 반복적인 업무, 세부적인 일에 강하며, 어느 유형보다 성실하므로 ISTJ는 세상이 정상적으로 돌아가게 하는 유형이라고도 한다. 약속하면 약속한 일은 시일 내에 완벽하게 해낸다.

약점

말이 거의 없는 ISTJ는 대화를 즐기지 않으며 타인의 감정을 무시해 집단생활에서 대인관계의 어려움을 겪을 수 있다. 계획적으로 움직이며 모든 것을 철저하게 관리하는 결벽이 있어 그렇지 못한 사람을 무시한다. 이런 성향은 타인의 감정에 무심한 ISTJ의 행동으로 나타날 수 있어 주의가 필요하다. 변화를 거부하는 성향은 약간의 융통성이 필요하다. 완벽하게 업무를 했다고 생각하지만, 동료나 상사가 말한 수정사항을 빠뜨리거나 무시할 수 있다.

ISTJ가 적응하기 쉬운 직업

> 비용과 수입을 추적하는 회계사, 자산 관리사, 보험 심사자
> 국가 공무직인 공무원, 국세청 직원, 세관 조사관
> 숫자를 이용하는 증권 관리사, 재무 설계사, 예산 분석가, 회계 담당자
> 행정이나 기술 관련 교육하는 교사, 교장
> 법률을 다루는 법률 연구원, 판사, 사법관, 범죄학자, 법원 서기
> 정확성이 필요한 데이터베이스 관리자, 컴퓨터 프로그래머, 엔지니어, 다양한 방면의 기술자

이 외에
정확성이 필요한 의료 관련 직업인 수의사, 약사, 치과 의사, 외과 의사 업무에서 탁월한 적응력을 보인다.

위와 같이
주어진 환경 내에서 신중하고 체계적인 업무를 수행하는 직업에 적응하기 쉽다. 또한, 체계적인 지식이나 기술을 다루며 정해진 범주 내에서 결정하고 처리하는 업무에서 두각을 나타낸다.

※ 모든 성격유형은 모든 직업에 어울린다. 해당 유형의 특징과 장단점으로 적응하기 더 쉽거나 선호하는 직업을 나열한 것이니 참고하자!

ISTJ 유튜브에 적용 가능한 능력

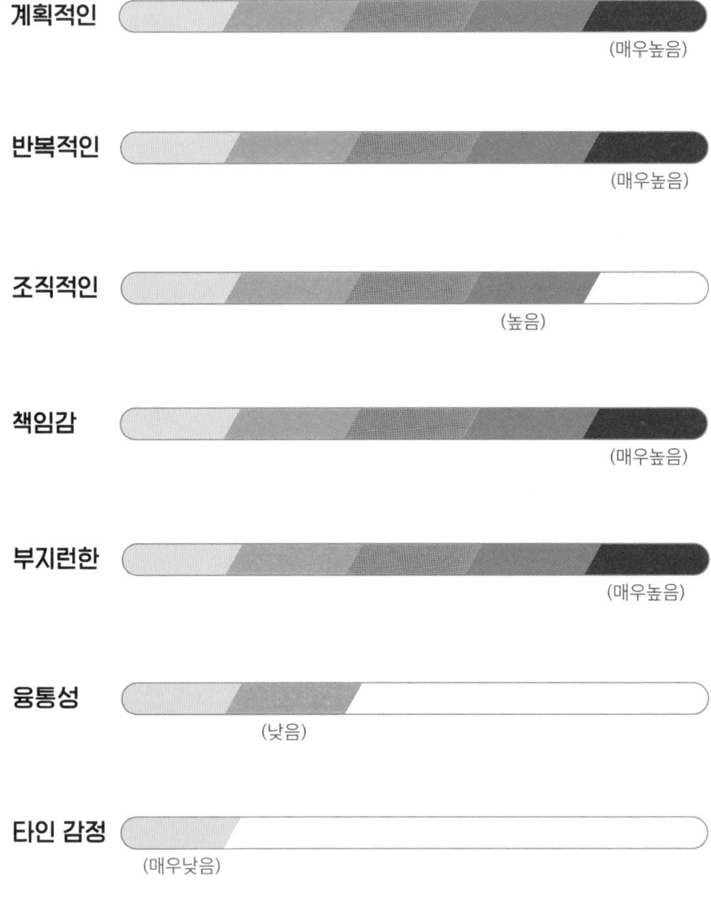

※ 모든 성격의 특징은 유튜브 콘셉트에 적용할 수 있다. 위 내용을 참고해서 유튜브 콘텐츠를 만들 때 항목을 추가하거나 삭제하자!

ISTJ 유튜브 콘셉트 예시

※ MBTI 유형별 성향 중 일부 특성으로 예시 유튜브 채널을 선정했다. 해당 채널을 시청하며 유튜버의 콘셉트와 특성만 간단히 살펴보자! 예시로 든 유튜버가 해당 MBTI 유형이 아닐 수도 있으니 참고하자!

정리의 달인 ISTJ는 주변을 늘 정리하고 정돈해서 자신만의 청소나 정리 방법의 노하우를 가진다. 집안 색상이 전체적으로 화이트와 베이지 색상인 유튜버 《시스레터 sisletter》는 말 대신 자막을 활용한다. ISTJ의 성향을 보여주어 소개한다.

정리 정돈

책꽂이에 꽂힌 책도 깔끔해 보이지 않아 서류함에 담아 정리하는 모습은 대단한 부지런함과 관심이 아니면 힘든 일이다. 이들은 정리된 물건도 더 깔끔하게 정리하는 방법이 있는지 고민하고 다른 방법이 떠오른다면 기꺼이 실행한다.

달인

같은 제품도 종류나 브랜드로 나누어 담는 것을 선호한다. 업무에 결벽 성향을 보이는 ISTJ는 정리에 대해서도 마찬가지이다. 이들은 계속해서 분류하고 정리해 달인의 경지에 이른다. 하나의 공간을 분리하고 또 분리해서 최대한 활용하는 방안을 모색한다. 이런 고민으로 다양한 소품을 활용한다. 이 때문에 정리와 정돈의 달인으로 불린다.

말이 없는

대화가 낯선 ISTJ는 말하는 것도 상대의 이야기를 듣는 것도 익숙하지 않다. 상대가 만약 그의 감정을 이야기한다면 이들은 그가 이야기한 사건과 연결된 사실만을 기억한다. 이런 특성은 혼자 일하는 것을 익숙하게 한다. 사실과 감각을 선호하는 ISTJ는 그래서 주변 정리를 선호한다. 주변 물건이 정리되듯이 마음도 정리된다고 생각한다. 말없이 정리하는 모습에 매진하는 유튜버의 모습은 이런 ISTJ의 성향을 잘 반영한다.

정리의 달인인 이들의 정리 방법을 잠시 감상해 보자!

ISTJ를 위한 조언

" 나만의 결벽을
오픈하자! "

당신의 완벽한 성향이 있는 분야에 대한 영상을 찍어보자! 단언컨대 당신만큼 그 분야를 완벽하게 고민한 사람은 없다. 어떤 주제든지 그것에 대해서만큼은 당신을 따를 자가 없으니 자신 있게 세상에 오픈해 보자! 기발한 아이디어는 시청자를 모아줄 것이다.

ISTJ

유튜브 콘텐츠 실습 노트

ISTJ인 나의 성격 적어보기

* 나의 강점 :

* 나의 약점 :

* 관심 있는 주제 :

* 참고할 만한 유튜버 :

* 나만의 콘셉트(형용사) 적어보기

ISTJ 유튜버 성장 일기 예시

-앞에서 살펴본 ISTJ의 강점, 약점, 유튜브에 적용가능한 능력을 예시로 왼쪽의 내 성격 특성과 유튜브 채널 콘셉트를 형용사로 적어보자. 아래 예시를 보고 내 유튜브 채널의 평가표와 비고란, 그래프를 채워보자.

* ISTJ만의 평가표 샘플

항목	세부내용	평가점수	수정사항
정리 정돈	세심하고 깔끔한 정리	자신만의 기준으로 점수 매기기	추가 항목이나 삭제 항목 등 콘셉트 수정사항 적어보기
반복적인	1차, 2차, N차 정리		
말 없는	조용하고 차분한		
조회수	내용에 따른 조회수		

* 비고란

이번 주에 좋았던 반응이나 기억에 남는 독자 의견, 영상을 만들면서 어려웠던 점이나 다음부터 참고할 사항 등을 정리하자. 비고란의 글은 나만의 마인드맵이 될 수 있다. 일기처럼 적어보자!

* 지난 4주의 발자취

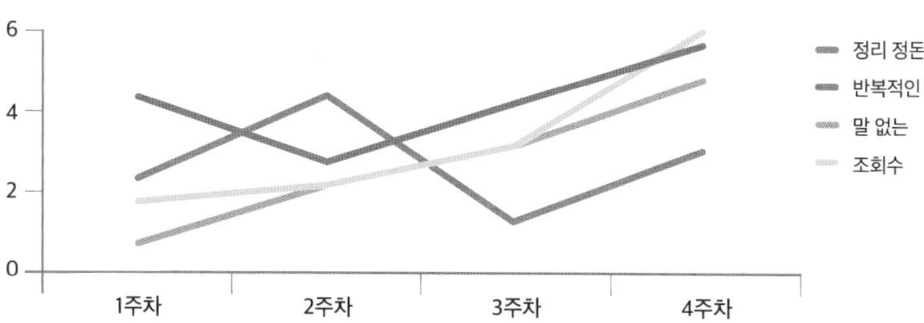

* ISTJ의 주의사항 반복하는 당신의 일상을 오픈해 봐요!

ISTJ 유튜버 성장 일기

* 1주차

항목	세부내용	평가점수	수정사항

* 비고란

* 2주차

항목	세부내용	평가점수	수정사항

* 비고란

* 3주차

항목	세부내용	평가점수	수정사항

* 비고란

* 4주차

항목	세부내용	평가점수	수정사항

* 비고란

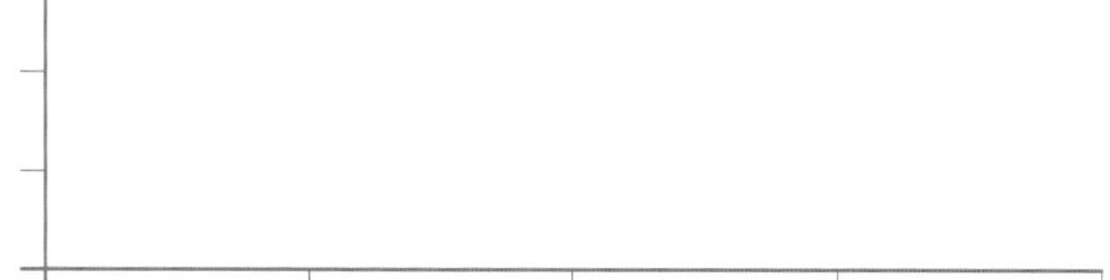

ESFJ

해피 바이러스

ESFJ성격 콘셉트

정이 넘치는

세밀한

확실한 마무리

남을 돕는

책임감

협력적인

실용 기술

회피하는

성급한

ESFJ 유형의 특징

> ESFJ는
> 16가지 성격유형 중
> 가장 사교적인 유형이다.

ESFJ의 캐릭터는 《이국주》 채널의 이국주 모습을 모티브로 했다. 이들은 유치원 선생님과 같은 발랄한 에너지에 활기가 더해 분위기 메이커로 통한다. 삶의 질을 높이는 방식으로 타인과 따뜻하고 성실한 관계를 맺는 방식을 선호한다. 그러면서도 일할 때는 의사 결정 과정에 적극적으로 참여하고자 한다. 부드럽지만 존중받는 환경을 선호하는 ESFJ는 그래서 타인에게 사랑받는 성격유형 중 하나이다. 그러나 혼자 일하는 것을 힘들어하고 비판과 변화에 민감하다. 또한 세부사항에는 민감하지만, 전체적인 맥락을 보는 것을 힘들어한다.

※ 좋고 나쁜 성격은 없다. 이 설명은 해당 유형의 특징이며, 장단점을 의미하는 것이 아님을 참고하자!

강점

천성적으로 사람을 직접 상대하며 도움 주는 일을 잘하며 좋아한다. ESFJ는 '정' 하나로 끝나는 유형으로 인간관계의 소소한 것 하나하나를 소중하게 생각한다. 다른 사람의 의견에 공감하고 박수를 보내는 것을 마다하지 않으며 한번 관계를 맺으면 관계를 소중히 생각하고 발전시켜 나간다. 이론이 아닌 실용적인 기술에 뛰어난 작업 능력을 보이는데 이는 현장에서 적재적소에 필요한 것을 제공하는 업무에 능숙하다. S(감각)를 통해 사실적이며 세부적인 사항을 잘 다루며 현실적인 안목을 지닌다.

약점

비판을 받아들이기를 힘들어하며, 타인의 비판에 사적인 의미를 부여하는 일이 많다. 이 때문에 과민 반응할 수 있어 주의가 필요하다. 관계를 중시하는 ESFJ의 특성상 불편한 상황에 대해 대면하기보다 회피하려는 경향을 보인다. 상황에 대한 사적인 의미 부여나 불편한 상황을 피하려는 태도는 타인의 감정적 짐을 받는 것을 힘들게 한다. 독특한 점은 사람은 좋아하지만, 타인의 말을 경청하지는 못한다는 것이다. 이 때문에 독선적으로 보일 수 있다. 마무리에 치중하다 서두르는 경향이 있다.

ESFJ가 적응하기 쉬운 직업

아픈 사람을 도와주는 간호사, 마사지 치료사, 놀이 치료사
아이들과 높은 열정으로 소통하고 도움을 주는 유치원 교사, 초등학교 교사
조직적으로 권한을 행사하며 사람을 돕는 사회복지사, 상담가, 종교인
많은 사람과 소통하며 실적을 관리하는 상담원, 중간 관리자, 감정 평가사
분위기 메이커의 에너지를 발산하는 개그맨, 이벤트 기획자, 연예인

이 외에
사람들과의 소통이 주를 이루는 판매원, 미용사, 항공기 승무원 등의 서비스직에서 탁월한 적응력을 보인다.

위와 같이
아프거나 도움이 필요한 사람을 돕는 일, 사람과 강한 유대 관계가 필요한 일, 여러 사람과 협력하는 공동체와 관련된 일, 가치적으로 의미 있는 일에서 강점을 보인다. 특히, 한번 맺은 인연을 소중히 생각하고 발전시켜 나가는 특성은 영업직 업무에서 두각을 나타낸다.

※ 모든 성격유형은 모든 직업에 어울린다. 해당 유형의 특징과 장단점으로 적응하기 더 쉽거나 선호하는 직업을 나열한 것이니 참고하자!

ESFJ 유튜브에 적용 가능한 능력

※ 모든 성격의 특징은 유튜브 콘셉트에 적용할 수 있다. 위 내용을 참고해서 유튜브 콘텐츠를 만들 때 항목을 추가하거나 삭제하자!

ESFJ 유튜브 콘셉트 예시

※ MBTI 유형별 성향 중 일부 특성으로 예시 유튜브 채널을 선정했다. 해당 채널을 시청하며 유튜버의 콘셉트와 특성만 간단히 살펴보자! 예시로 든 유튜버가 해당 MBTI 유형이 아닐 수도 있으니 참고하자!

ESFJ의 콘셉트로 이국주만큼 완벽한 캐릭터는 없다. 늘 음식을 한가득해서 사람들과 나눠 먹는 정스러움과 주방 식기의 새로운 유행을 선도하는 실용적인 기술은 그녀를 따라올 자가 없다. 그러나 이국주는 유튜버이긴 하지만 연예인이니, 이번에는 다른 유튜버를 넣어보았다. 《미소정》은 ESFJ만의 따뜻함과 세밀함 그리고 실용적인 센스를 이용해 뷰트 채널을 운영하는 유튜버이다.

실용적인

유튜브에서 이제 뷰티 유튜버는 넘쳐나는 시대이다. 한때《인사이드 아웃》 같은 애니메이션이나 영화 주인공을 코스프레하는 영상을 찍어 화제가 되었던 뷰티 유튜버는 더 이상 새로운 것이 없어 보일 수 있다. 아름답게 화장하는 방법이 우선일 것 같지만, 더 실용적인 부분이 필요한 분야이기도 하다. ESFJ의 가장 큰 장점은 같은 도구를 다른 방법으로 사용한다는 점이다. 이것은 아는 사람에게는 쉬운 일이지만, 모르는 사람에게는 신세계의 경험이다. 사고의 유연성을《미소정》은 뷰티 분야에서 보여준다. 《미소정》 채널에서 조회수가 가장 많은 영상은 '천 원 바세린으로 블랙헤드 없애기?!'이다. 이 영상이 1,670만 회의 조회수를 기록했으며, 다음 인기 영상 조회수가 240만 회인 것을 고려할 때 대중이 이제 뷰티 유튜버에게 요구하는 방향이 무엇인지 가늠할 수 있다. 이처럼 미소정 채널의 인기 영상은 대부분

여드름 관리 방법이나 세안법, 스킨케어에 관한 내용이다.

남을 돕는

'채널의 시청자 의견을 어느 정도 흡수하는가?' 하는 것도 유튜버의 성향에 따라 다를 수 있다. 남을 돕는 것이 천성인 ESFJ는 시청자 글을 상세히 보고 대중이 원하는 방향의 영상을 만든다. '언니는 어떻게 피부 관리하나요?'라는 질문이 정말 많이 올라온다면서 자신이 피부과에서 받는 시술을 오픈한 영상도 인기 영상 중 하나이다. 스스럼없이 자신의 과거 사진과 현재 사진을 비교해 섬네일을 만들었다.

미소정 MisoJeong @misojeong

ESFJ를 위한 조언

> 내가 아는 실용적인 방법을 활용해서 채널을 만들자!

천 원짜리 바세린으로 블랙헤드를 없앨 아이디어를 가지고 있는 ESFJ! 이국주는 배터리로 돌아가는 인형 세탁기에 화장 브러시를 세탁하기도 했다. 이런 응용력은 아무나 가지는 것이 아니다.

실용적인 부분에 창의력이 대단한 ESFJ의 능력을 유튜브에 반영해 보자! ENFJ는 '이런 거를 누가 볼까?'라고 생각하지만, 대중은 깜짝 놀랄 수 있다. 미니 보온 도시락을 절판시킨 이국주처럼 오늘도 나의 새로운 아이템을 내보이자!

ESFJ

유튜브 콘텐츠
실습 노트

ESFJ인 나의 성격 적어보기

* 나의 강점 :

* 나의 약점 :

* 관심 있는 주제 :

* 참고할 만한 유튜버 :

* 나만의 콘셉트(형용사) 적어보기

ESFJ

ESFJ 유튜버 성장 일기 예시

-앞에서 살펴본 ESFJ의 강점, 약점, 유튜브에 적용가능한 능력을 예시로 왼쪽의 내 성격 특성과 유튜브 채널 콘셉트를 형용사로 적어보자. 아래 예시를 보고 내 유튜브 채널의 평가표와 비고란, 그래프를 채워보자.

* ESFJ만의 평가표

항목	세부내용	평가점수	수정사항
실용적	새로운 정보가 있는지	자신만의 기준으로 점수 매기기	추가 항목이나 삭제 항목 등 콘셉트 수정사항 적어보기
남을 돕는	시청자의 고민 반영했는지		
정이 많은	설명이 세심한지		
조회수	시청자 조회수		

* 비고란

이번 주에 좋았던 반응이나 기억에 남는 독자 의견, 영상을 만들면서 어려웠던 점이나 다음부터 참고할 사항 등을 정리하자. 비고란의 글은 나만의 마인드맵이 될 수 있다. 일기처럼 적어보자!

* 지난 4주의 발자취

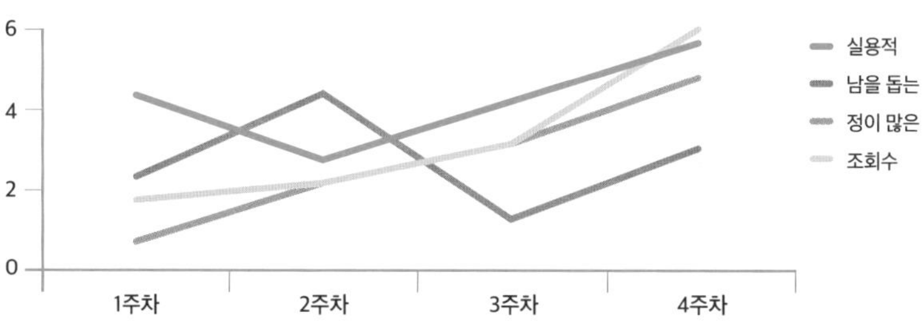

ESFJ의 주의사항 당신의 해피 바이러스를 많이 뿌려주세요!

ESFJ 유튜버 성장 일기

* 1주차

항목	세부내용	평가점수	수정사항

* 비고란

* 2주차

항목	세부내용	평가점수	수정사항

* 비고란

* 3주차

항목	세부내용	평가점수	수정사항

* 비고란

* 4주차

항목	세부내용	평가점수	수정사항

* 비고란

* 지난 4주의 발자취

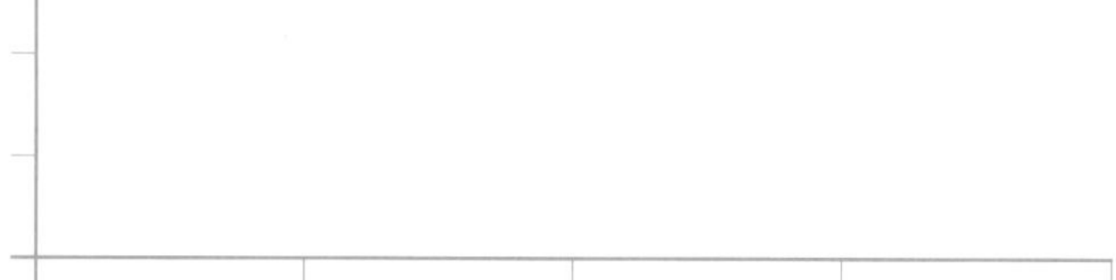

ISFJ

발랄한 에너지

ISFJ 성격 콘셉트

감각이 뛰어난

침착한

세부적인

충성심

현실적인

끈기있는

집중력이 강한

실용적인

걱정이 많은

ISFJ 유형의 특징

ISFJ는
끈기 있게 뒤에서 조용히
사람들을 돕는 유형이다.

ISFJ는 사랑스러우면서 보호본능을 일으키는 유형이다. 조용히 사람들을 돕지만 자신에게 강하게 하는 사람에게 할 말을 하지 못하고 가슴앓이한다. 충성심이 강하고, 업무가 많아도 많다고 말하지 못하고 도맡아 하기 때문에 우리 사회의 어딘가에서 오늘도 조용히 밀린 업무를 하고 있을 수 있다. 또한 현실적인 감각이 뛰어나 사물을 다루는 일에 재능을 보인다. 꼼꼼하고 세심한 관찰력은 어떤 일을 하든지 실수를 줄여준다. 이런 성향의 ISFJ 캐릭터는 어린이들이 좋아하는 유치원 교사의 이미지로 그렸다.

※ 좋고 나쁜 성격은 없다. 이 설명은 해당 유형의 특징이며, 장단점을 의미하는 것이 아님을 참고하자!

강점

사물을 다루는 것에 능숙한 ISFJ는 어떤 사물을 볼 때 높은 집중력과 세심한 관찰력을 보인다. 이것은 ESFJ와 마찬가지로 사물을 실용적으로 다루는 데 능숙함을 높여준다. 사물을 사랑스럽고 세밀하게 만드는 일에 강점을 보인다. 책임감이 강하고 자신이 맡은 일에 최선을 다하며, 사람들에게 협조적이며 온정적이고 헌신적이다. 이런 ISFJ를 '아낌없이 주는 나무'라 호칭하기도 한다. 전통적인 조직에서 사람을 상대하거나 사물을 다루는 업무에 높은 적응력을 가지고 있다.

약점

지나치게 많은 일을 떠맡거나 자신이 스스로 하는 경향이 있어 과로에 주의해야 한다. 적절한 업무량으로 계획을 세워서 일하는 습관을 들일 필요가 있다. 또한 타인이 보기에 사랑스러운 ISFJ의 성향을 자신은 과소평가한다. 이런 소심함과 내성적인 성향은 타인에게 자신의 의견을 말하는 것을 어렵게 만든다. 사물을 세심하게 보기 때문에 전체를 보는 것을 어려워한다. 전통적인 조직 업무에 능숙한 ISFJ는 변화가 많은 상황에 빠른 대처를 어려워한다.

ISFJ가 적응하기 쉬운 직업

> **사람을 직접적으로 돕는 간호사, 안경사, 수의사, 전문의**
> **학생들과 끊임없이 상호작용하는 유치원 교사, 사회복지사, 교육자, 상담사**
> **사물을 세밀하게 다루는 인테리어 디자이너, 보석 세공사, 예술가**
> **극한 상황에서 그들에 대한 이해가 필요한 장의사, 가정 사회복지사, 노인 요양 복지사, 재활 상담사**

이 외에
서비스나 비즈니스 관련해서 사람들과 계속된 교류가 필요한 부동산, 판매 대리인, 고객 상담사, 소매점 경영자 업무에도 탁월한 적응력을 보인다.

위와 같이
조용히 사람들을 끈기 있게 돕는 헌신적인 일을 선호한다. 자신이 힘들어도 언제나 조용히 미소를 머금고 묵묵히 일하는 업무에서 두각을 나타낸다.

※ 모든 성격유형은 모든 직업에 어울린다. 해당 유형의 특징과 장단점으로 적응하기 더 쉽거나 선호하는 직업을 나열한 것이니 참고하자!

ISFJ 유튜브에 적용 가능한 능력

※ 모든 성격의 특징은 유튜브 콘셉트에 적용할 수 있다. 위 내용을 참고해서 유튜브 콘텐츠를 만들 때 항목을 추가하거나 삭제하자!

ISFJ 유튜브 콘셉트 예시

DDany Crafts 따니네 만들기 @ddanycrafts

※ MBTI 유형별 성향의 일부 특성으로 예시 유튜브 채널을 선정했다. 해당 채널을 시청하며 유튜버의 콘셉트와 특성만 간단히 살펴보자! 예시로 든 유튜버가 해당 MBTI 유형이 아닐 수도 있으니 참고하자!

코로나19로 반강제적인 워킹맘들의 독박육아가 시작되었을 때 가장 감사했던 채널이 《따니네 만들기》이다. 이 채널이 없었다면 어떻게 코로나19와 방학을 견뎠을까 싶을 정도로 여자아이들은 사랑스러운 그녀가 금요일 오후에 도안을 업데이트하기만을 기다린다. 유치원 선생님처럼 조용하고 나긋한 목소리로 오늘의 도안 만드는 방법을 친절하게 알려주는 이 채널의 매력을 알아보자!

실용적인

실리콘 테이프 하나로 무궁무진하게 펼쳐지는 응용력은 끝이 없다. 말랑이를 만들기도 하고 다이어리를 만들기도 하는 무궁무진한 주제는 아이들이 질리지 않고 매주 주말에 찾게 만든다. 종이로도 다이어리, 종이 인형, 스퀴시, 핸드폰 등 다양한 주제로 만드는 것이《따니네 만들기》의 가장 큰 특징이다. 이러한 단품 외에도 요즘에는 다이어리를 만들거나 장난감 세트를 통째로 만들어서 인형 놀이를 할 수 있게 한다. '무지개 치즈가 쭈욱~' 영상에서는 늘어나는 치즈를 고무줄로 표현하고, '풍선껌 부는 오리 말랑이 만들기' 영상에서는 오리 얼굴에 풍선을 넣어 오리를 만든다. 이런 응용력과 아이디어는 시청자를 놀라게 한다.

사랑스러운

사랑스러운 목소리로 친절하게 알려주는 영상은 듣는 동안 편안함을 느끼게 한다. 어울리는 조용하고 발랄한 음악은 듣는 이로 하여금 행복함을 느끼게 한다. 아기자기한 파스텔 색상의 소품도 사랑스러워 보고 있으면 만들고 싶은 생각이 절로 든다. 기존 상품에 아이디어를 더해 귀여운 캐릭터를 덧붙인다. 이것을 아이가 만들어서 조그만 손으로 내밀면 사랑스러움은 배가 된다.

유튜브 쌤

따니네는 학교와 학원까지 마친 딸의 유튜브 쌤이다. 그녀와 만들기 하는 동안에 아이는 따니네가 친구고 선생님이다. 워킹맘 입장에서 고마운 유튜버다. 요즘 유행하는 문구 아이템은 여기에 다 모여있다.

DDany Crafts 따니네 만들기 @ddanycrafts

ISFJ를 위한 조언

> 재주가 많은 당신,
> 가슴을 펴고 자신감을 가져요!

살다 보면 정말 잘난 게 없는데 잘난 척하는 사람이 있고, 많은 재주를 가졌음에도 자신감이 없는 사람이 있다. 이것은 겸손을 넘어서 안타까움으로 비친다. 모든 ISFJ가 그런 것은 아니지만, 혹시라도 그런 ISFJ가 있다면 유튜브에서 당신의 매력을 발산하라고 말해주고 싶다. 세상은 넓고 할 일은 정말 많다. 아무도 모르는 도전이 가능한 유튜브니까 말이다.

ISFJ

유튜브 콘텐츠 실습 노트

ISFJ인 나의 성격 적어보기

* 나의 강점 :

* 나의 약점 :

* 관심 있는 주제 :

* 참고할 만한 유튜버 :

* 나만의 콘셉트(형용사) 적어보기

ISFJ 유튜버 성장 일기 예시

-앞에서 살펴본 ISFJ의 강점, 약점, 유튜브에 적용가능한 능력을 예시로 왼쪽의 내 성격 특성과 유튜브 채널 콘셉트를 형용사로 적어보자. 아래 예시를 보고 내 유튜브 채널의 평가표와 비고란, 그래프를 채워보자.

* ISFJ만의 평가표 샘플

항목	세부내용	평가점수	수정사항
뛰어난 감각	색상, 디자인은 어땠는지	자신만의 기준으로 점수 매기기	추가 항목이나 삭제 항목 등 콘셉트 수정사항 적어보기
실용적인	응용력이 높았는지		
끈기 있는	주기적인 업데이트		
조회수	시청자 조회수		

* 비고란

이번 주에 좋았던 반응이나 기억에 남는 독자 의견, 영상을 만들면서 어려웠던 점이나 다음부터 참고할 사항 등을 정리하자. 비고란의 글은 나만의 마인드맵이 될 수 있다. 일기처럼 적어보자!

* 지난 4주의 발자취

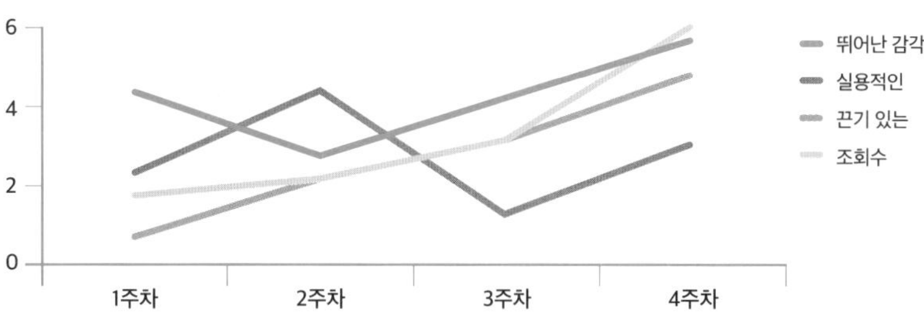

* ISFJ의 주의사항 사랑스러운 영상을 또 올려주세요!

ISFJ 유튜버 성장 일기

* 1주차

항목	세부내용	평가점수	수정사항

* 비고란

* 2주차

항목	세부내용	평가점수	수정사항

* 비고란

* 3주차

항목	세부내용	평가점수	수정사항

* 비고란

* 4주차

항목	세부내용	평가점수	수정사항

* 비고란

* 지난 4주의 발자취

ENTJ

타고난 리더

ENTJ 성격 콘셉트

추진력
통솔력
급한 성향
창의적인 문제 해결
풍부한 아이디어
장기적인 안목
사령관
세심하지 못한

ENTJ 유형의 특징

> ENTJ는
> 권위와 권한으로
> 통솔력을 발휘하는 유형이다.

카리스마 있는 타고난 리더 유형으로 권위와 권한이 있는 자리를 좋아한다. 리더 성향이 있는 다른 유형과 마찬가지로 타인의 말에 경청하는 부분이 약하다. 업무처리를 서두르는 경향이 있으며 풍부한 아이디어로 창의적인 해결 방법을 모색하는 지적인 성향이다. 장기적인 안목이 있어 나무가 아닌 숲을 보는 시야를 가지는 것은 리더로서 큰 장점이다. 치열한 경쟁과 목표를 설정하고 달려 나가는 추진력이 있어 이런 성향의 업무를 선호하는 경향이 있다. 이런 특성을 담아 캐릭터는 회사 임원급의 이미지로 그렸다.

※ 좋고 나쁜 성격은 없다. 이 설명은 해당 유형의 특징이며, 장단점을 의미하는 것이 아님을 참고하자!

강점

복잡한 문제를 해결하는 능력이 뛰어나고 성공에 대한 갈망이 있어 조직에서 리더 역할을 한다. ENTJ의 큰 강점 중 하나는 논리적이며 분석적이라는 점이다. 지적인 유형으로 창의적인 문제 해결이 가능하고 조직화하는 능력이 있다. 전체를 보는 안목은 조직을 움직이는 프로세스, 전략을 만드는 데 유용하다. 이것은 숲을 보는 거시적인 시각을 가지기 때문이며 이런 시각은 자신만의 철학을 갖게 한다. 무엇이든 빠르게 습득해 기술을 섭렵한다.

약점

자신이 무엇이든 빠르게 섭렵하기 때문에 타인의 느림에 대해 참을성이 부족하다. 자신만의 철학과 거시적인 안목으로 ENTJ가 큰 계획을 이야기할 경우, 다른 사람이 이를 이해하지 못하거나 다른 의견을 낸다면 상세히 살피지 못한다. 세심한 부분은 놓치기도 하는데 성공에 대한 갈망은 개인의 희생을 강요할 수 있어 주의할 필요가 있다. 표현이 직설적이라 타인이 상처받을 수 있다.

ENTJ가 적응하기 쉬운 직업

> 권위가 있는 조직에서 일하는 기업의 임원, 간부, 중간 관리자, 인사 담당자
> 빠르게 변화하는 기술 분야인 컴퓨터 프로그래머, 앱 개발자, 정보 관리자
> 복잡한 이론을 다루는 변호사, 판사, 심리학자, 의사, 의학자
> 돈을 다루며 경쟁이 치열한 모기지 브로커, 주식 중개인, 국제 금융인, 경제 분석가

이 외에
다양한 컨설팅 능력이 필요한 컨설턴트 분야 업무에도 탁월한 적응력을 보인다.

위와 같이
복잡한 정보를 이해하고 이를 활용해 조직화하는 능력이 필요하며, 경쟁이 치열하고, 성과가 분명하며, 빠른 변화에 적응하는 업무에서 두각을 나타낸다.

※ 모든 성격유형은 모든 직업에 어울린다. 해당 유형의 특징과 장단점으로 적응하기 더 쉽거나 선호하는 직업을 나열한 것이니 참고하자!

ENTJ 유튜브에 적용 가능한 능력

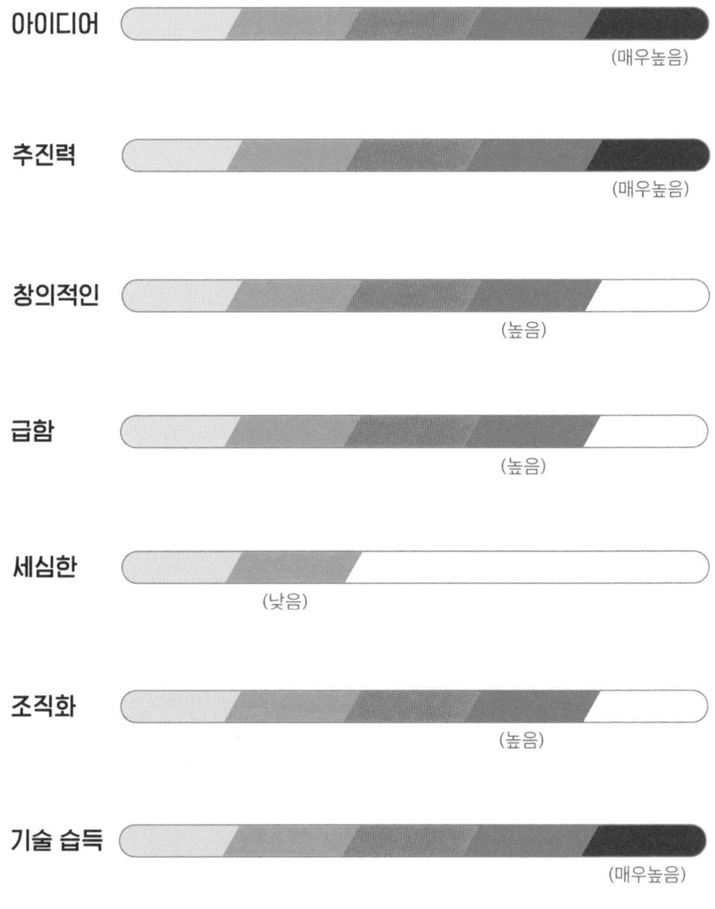

※ 모든 성격의 특징은 유튜브 콘셉트에 적용할 수 있다. 위 내용을 참고해서 유튜브 콘텐츠를 만들 때 항목을 추가하거나 삭제하자!

ENTJ 유튜브 콘셉트 예시

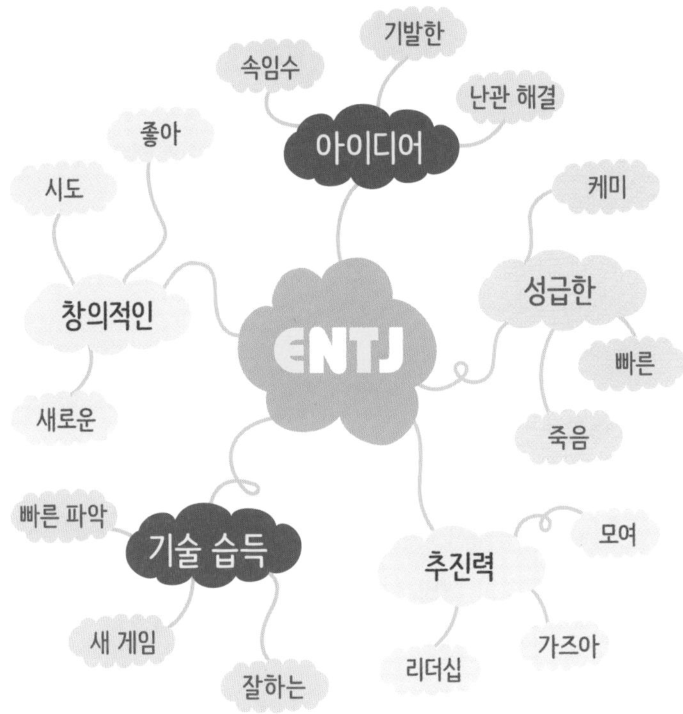

※ MBTI 유형별 성향 중 일부 특성으로 예시 유튜브 채널을 선정했다. 해당 채널을 시청하며 유튜버의 콘셉트와 특성만 간단히 살펴보자! 예시로 든 유튜버가 해당 MBTI 유형이 아닐 수도 있으니 참고하자!

리더 ENTJ

《잠뜰 TV》는 다른 게임 유튜브와는 다른 점이 있다. 바로 그룹으로 진행한다는 것이다. 각 개인 채널이 있지만, 일명 '도도한 친구들'과 '도뜰친'이 잠뜰과 벌이는 캐미는 혼자 하는 게임보다 더 흥미진진하다. 그룹으로 무얼 하는 것은 유튜브를 떠나서 쉽지 않은 일이다. 공과 사의 구분은 말처럼 쉽지 않다. 그러니 그룹 안에 전혀 다른 성격 유형이 포함되어 있다면 한두 명도 아니고 모두 조율하기란 너무나 어려운 일이다. 그러나 ENTJ는 그 어려운 일을 해낸다.

추진력 & 조직화

잠뜰 TV는 너무 유명해서 다른 유튜버를 찾아보았다. 하지만, ENTJ 리더가 있는 여러 명의 채널은 찾기 힘들었다. 잠뜰은 게임 중에도 ENTJ의 성향을 자주 보인다. 어려운 일이 닥쳤을 때 기발한 해결 방안을 찾아낸다. 또, 다른 게이머를 속이며 자신이 하고픈 대로 몰아가기도 한다. 추진력과 조직화하는 자신만의 캐릭터를 보여준다.

여럿의 에너지

하나만 더 소개하면 《웃소》는 한 사람이 아닌 '웃음코뿔소'라는 공식 명칭과 함께 멤버가 구축되어 만들어진 채널이다. 여러 명의 에너지가 차 있는 《웃소》는 유쾌하고 재미있다. 주제의 신선함과 엉뚱함이 매력이다. 간혹 군대 가서 휴식기를 가지거나 추가로 들어오는 멤버도 있다. 실생활을 그대로 드러내는 v-log나 제대하는 멤버를 축하하는 영상도 올라온다. 그들의 영상은 연출과 실생활 그리고 상상 속의 어느 즈음에 있다. 《웃소》는 이렇게 성격이 다른 여러 멤버를 자주 영상에 이용한다. '슬라임 가지고 노는 14가지 유형'처럼 다양한 주제로 접근하는데 이것을 시청자들이 좋아한다.

멤버 중 디투가 ENTJ이다. 실제로 디투가 멤버에서 어떤 역할을 하는지는 정확히 알 수는 없다. 그러나 추진력 있는 ENTJ가 있고 멤버 중 세 명이 ENFP인데 뭔들 신나고 재밌지 않겠는가? 즉흥적이며 서로 무얼 해도 웃음이 터지고 마냥 행복할 것이다. 그룹 유튜버를 소개한 것이지 리더는 ENTJ만 해야 한다는 것은 아니니 참고하자!

ENTJ를 위한 조언

"내 맘대로 해도
괜찮은 주제를 찾아요!"

《잠뜰 TV》 채널과 같은 게임은 ENTJ의 마음대로 해도 무방한 채널이다. 게임인데 내 맘대로 뛰어다니다가 먼저 죽으면 깔깔거리며 웃으면 그만이다. 그러나 《웃소》처럼 여럿이 기획하는 프로그램은 내 맘대로 하기에는 다소 무리가 있다. 그러니, ENTJ의 마음대로 하려면 그렇게 해도 좋은 주제를 선택하는 것이 좋다.

ENTJ의 콘셉트는 급하고 추진력 있게 마음대로 하는 콘셉트이니 콘셉트 말고 주제를 잘 골라보자! ENTJ만의 주제 말이다.

ENTJ

유튜브 콘텐츠 실습 노트

ENTJ인 나의 성격 적어보기

* 나의 강점 :

* 나의 약점 :

* 관심 있는 주제 :

* 참고할 만한 유튜버 :

* 나만의 콘셉트(형용사) 적어보기

ENTJ

ENTJ 유튜버 성장 일기 예시

-앞에서 살펴본 ENTJ의 강점, 약점, 유튜브에 적용가능한 능력을 예시로 왼쪽의 내 성격 특성과 유튜브 채널 콘셉트를 형용사로 적어보자. 아래 예시를 보고 유튜브 채널의 평가표와 비고란, 그래프를 채워보자.

* **ENTJ만의 평가표** 샘플

항목	세부내용	평가점수	수정사항
아이디어	얼마나 기발했는지	자신만의 기준으로 점수 매기기	추가 항목이나 삭제 항목 등 콘셉트 수정사항 적어보기
기술 습득	새로운 게임이나 기술인지		
추진력	버라이어티했는지		
조회수	시청자 조회수		

* **비고란**

이번 주에 좋았던 반응이나 기억에 남는 독자 의견, 영상을 만들면서 어려웠던 점이나 다음부터 참고할 사항 등을 정리하자. 비고란의 글은 나만의 마인드맵이 될 수 있다. 일기처럼 적어보자!

* **지난 4주의 발자취**

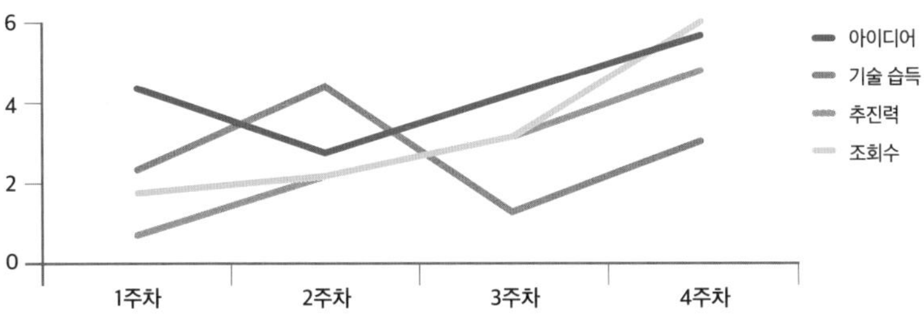

* **ENTJ의 주의사항** 가끔 하는 일에 여유를 가져봐요!

ENTJ 유튜버 성장 일기

* 1주차

항목	세부내용	평가점수	수정사항

* 비고란

* 2주차

항목	세부내용	평가점수	수정사항

* 비고란

* 3주차

항목	세부내용	평가점수	수정사항

* 비고란

* 4주차

항목	세부내용	평가점수	수정사항

* 비고란

* 지난 4주의 발자취

INTJ

워커홀릭 과학자

INTJ 성격 콘셉트

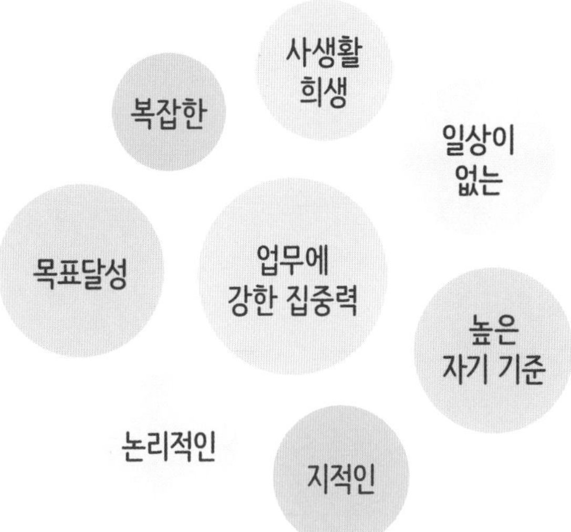

INTJ 유형의 특징

> INTJ는
> 자신만의 신념을
> 지니는 워커홀릭 유형이다.

자신만의 신념은 INTJ에게 매우 중요해서 자신이 이해되지 않는 일은 하지 못한다. '완벽'을 추구하는 특성으로 어떤 일에서 한두 가지만 달라도 '전혀 다르다'라고 인식하는 경향이 있다. 과학자와 같이 이론적으로 복잡하고 지적인 연구를 즐긴다. 이런 성향은 자신의 관심사에 대한 정보에 대해서도 파고드는 경향이 있어 이에 대한 타인의 웬만한 정보에 대해서는 신뢰하지 않는다. 타인의 정보가 틀릴 수도 있다는 것에 대해 열어두고 접근한다. 혼자 일하는 것을 좋아하고 타인과 정보나 감정을 공유하고 나누는 것에 익숙하지 않다. 이런 성향의 INTJ 캐릭터는 과학자가 연구하는 모습으로 그렸다.

※ 좋고 나쁜 성격은 없다. 이 설명은 해당 유형의 특징이며, 장단점을 의미하는 것이 아님을 참고하자!

강점

가장 큰 강점은 논리적이고 분석적이라는 점이다. 완벽을 추구하며 논리적인 일을 증명하는 것에 대한 집중력이 최고이다. 그 가능성을 파악하는 것에 즐거움을 느낀다. 이론적인 시스템, 프로세스, 모델을 창조해 내는 성격유형이 INTJ이기도 하다. 이들의 지적인 카리스마는 모든 성격 유형 중 최고라고 볼 수 있다. 이런 이유로 보통 이들은 전문 직종에 종사하는 경우가 많다.

약점

INTJ에게 '완벽'이 키워드인 만큼 자신이 아닌 타인에게도 '완벽'을 요구하는 경향이 있다. 그러다 보니 타인을 칭찬하는 것에 인색하다. 이들은 자신보다 능력이 높은 사람의 말은 그나마 듣는다. 그러나 능력이 낮다고 생각하는 사람의 말은 무시한다. 집중력이 높다 보니, 워커홀릭에 빠질 수 있어 자신을 챙기며 일하는 자기관리 능력이 부족하다. 그러다 보니 자신의 연구 분야에 대해서는 박식하지만, 일상생활에 대한 정보는 다른 성격유형에 비해 부족할 수 있다.

INTJ가 적응하기 쉬운 직업

> 분석 능력이 필요한 경영 컨설턴트, 경제학자, 재무 분석가, 시장 분석가
> 첨단 기술의 장비를 다루는 과학자, 정보 보안 분석가, 컴퓨터 프로그래머, 시스템 관리자
> 복잡한 이론과 체계를 가르치는 과학, 수학 계열의 교수, 수학자
> 의학 기술을 분석하는 의학자, 생체 공학자, 미생물학자, 유전학자
> 분석과 함께 기획 능력이 필요한 뉴스 분석가, 전략 기획자, 변호사
> 자신만의 독창적인 작품을 만드는 작가, 편집자, 예술가, 발명가, 전시 기획자

이 외에
분석이 필요하고 복잡한 이론의 정보를 통합하며, 독창적인 기술을 다루는 다양한 직업에서 탁월한 적응력을 보인다.

위와 같이
논리적이고 분석적이면서도 독창적이지만 혼자 하는 업무에서 두각을 나타낸다.

※ 모든 성격유형은 모든 직업에 어울린다. 해당 유형의 특징과 장단점으로 적응하기 더 쉽거나 선호하는 직업을 나열한 것이니 참고하자!

INTJ 유튜브에 적용 가능한 능력

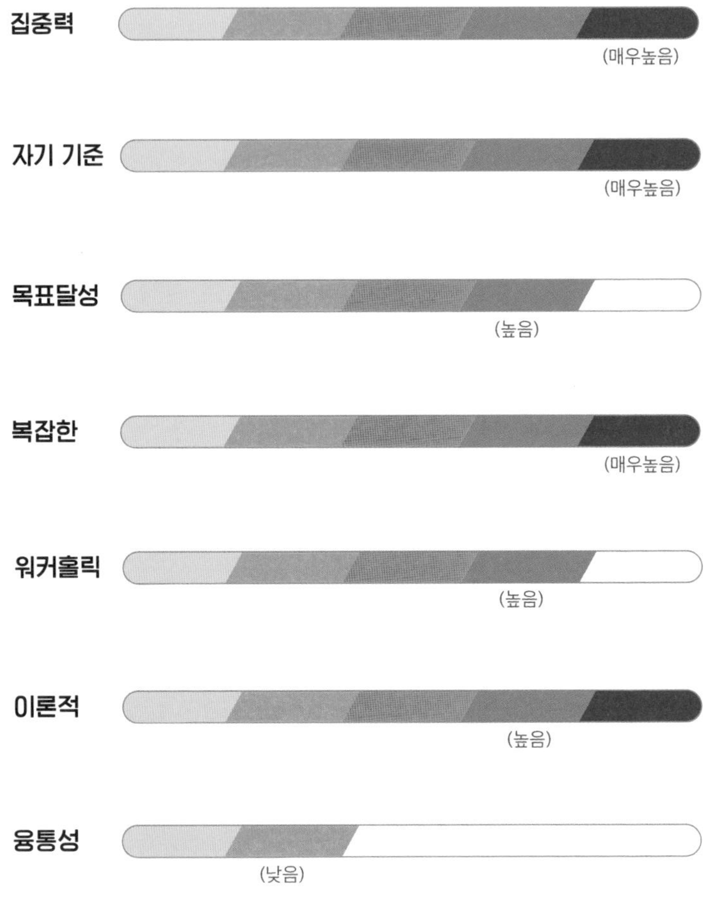

※ 모든 성격의 특징은 유튜브 콘셉트에 적용할 수 있다. 위 내용을 참고해서 유튜브 콘텐츠를 만들 때 항목을 추가하거나 삭제하자!

INTJ 유튜브 콘셉트 예시

※ MBTI 유형별 성향 중 일부 특성으로 예시 유튜브 채널을 선정했다. 해당 채널을 시청하며 유튜버의 콘셉트와 특성만 간단히 살펴보자! 예시로 든 유튜버가 해당 MBTI 유형이 아닐 수도 있으니 참고하자!

유튜브 채널을 시청하면서 가장 따라 해 보고 싶었던 채널이다. 실제 건물과 똑같은 모형을 철사와 시멘트를 이용해서 만들고, 벽지를 발라 도배하고, 장판을 깐다. 중간에 잘못 만들면 다시 만드는 인내심이 필요하지만, 유튜버는 장인의 손길로 건물을 완성한다. 완성한 건물에 전등이 들어오고 물이 나오는 장면은 가히 대단하다.

고도의 전략

《MonsterKook》와 《MCKook》이 같은 유튜버인지는 모르겠다. 실제로 건축은 작업하기 전에 모형을 만든다. 그러나 이 영상은 실제 건물의 미니 모형을 만드는 것에 만족하지 않는다. 실제 건물 자체를 그대로 옮겨놓은 것처럼 만든다. 시멘트로 만드는 곳은 시멘트를 개어서 붓고, 전선이 필요한 곳은 건물을 짓기 전에 전선을 배치한다. 수도관까지 심는 세밀함은 누구도 따라올 수 없다. 실제 집을 짓는 과정과 똑같이 만드는 것이 이 영상의 포인트이다.

독창적 & 복잡한

실제 집과 똑같은 모형을 만드는 자체부터 독창적인 발상이다. 학부에서 지통을 메고 다니며 설계도를 그리던 때가 떠올라 재료도 일부 구입했다. 그러나 ENFP가 따라 하기에 INTP의 정교함과 세밀함은 따라가기 힘들었다. 시작도 못 해보고 포기했다. 따라 하고 싶어도 쉽게 따라 할 수 없는 정교함과 복잡함이 내포되어 있다. 치수가 하나만 틀려도 완성할 수 없으니, 인내심이 부족하다면 채널을 보는 것으로 만족하자!

《MonsterKook》은 기생충에 나온 저택을 만들면서 세계적인 팬층이 형성되었다. 기생충 저택을 만드는 영상은 조회수가 무려 4,225만 회이다. 최근 올려진 영상이 거의 없으나 아직도 130만 명에 달하는 구독자를 보유한다.

MonsterKook @MonsterKook

INTJ를 위한 조언

"상위 1% 유튜버를 향해 달려보는 건 어때?"

고도의 전략과 집중력 그리고 완벽을 추구하는 워커홀릭인 INTJ만이 할 수 있는 주제로 유튜버가 되어 보자! 당신이 상위 1%의 유튜버라 해도 아무나 선뜻 따라 할 수 없을 것이다. 그것은 당신처럼 고도의 전략과 집중력 그리고 완벽을 추구해야 가능하니까….

'워커홀릭 과학자'인 당신이 유튜버로 도전한다면 전업으로 해도 괜찮다. 상위 1%가 목표이니, 말이다.

INTJ

유튜브 콘텐츠 실습 노트

INTJ인 나의 성격 적어보기

* 나의 강점 :

* 나의 약점 :

* 관심 있는 주제 :

* 참고할 만한 유튜버 :

* 나만의 콘셉트(형용사) 적어보기

INTJ 유튜버 성장 일기 예시

-앞에서 살펴본 INTJ의 강점, 약점, 유튜브에 적용가능한 능력을 예시로 왼쪽의 내 성격 특성과 유튜브 채널 콘셉트를 형용사로 적어보자. 아래 예시를 보고 내 유튜브 채널의 평가표와 비고란, 그래프를 채워보자.

* INTJ만의 평가표 샘플

<table>
<tr><th>항목</th><th>세부내용</th><th>평가점수</th><th>수정사항</th></tr>
<tr><td>고도의 전략</td><td>실수가 잦지는 않았는지</td><td rowspan="4">자신만의
기준으로
점수 매기기</td><td rowspan="4">추가 항목이나
삭제 항목 등 콘셉트
수정사항 적어보기</td></tr>
<tr><td>복잡한</td><td>전략적이었는지</td></tr>
<tr><td>창의적인</td><td>이슈 가능한 주제인지</td></tr>
<tr><td>조회수</td><td>시청자 조회수</td></tr>
</table>

* 비고란

이번 주에 좋았던 반응이나 기억에 남는 독자 의견, 영상을 만들면서 어려웠던 점이나 다음부터 참고할 사항 등을 정리하자. 비고란의 글은 나만의 마인드맵이 될 수 있다. 일기처럼 적어보자!

* 지난 4주의 발자취

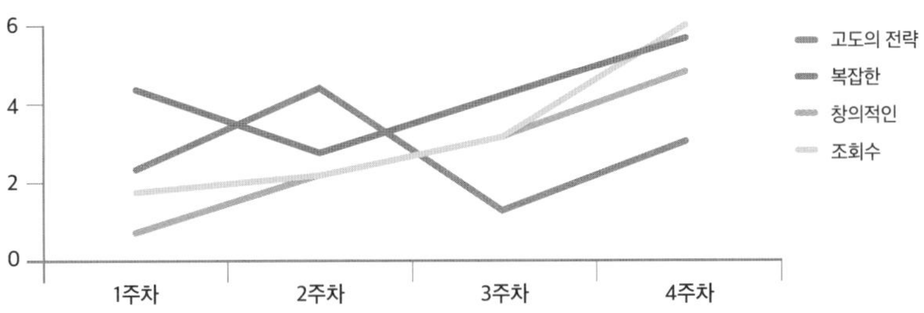

* INTJ의 주의사항 INTJ만의 주제를 기대해요!

INTJ 유튜버 성장 일기

＊ 1주차

항목	세부내용	평가점수	수정사항

＊ 비고란

＊ 2주차

항목	세부내용	평가점수	수정사항

＊ 비고란

＊ 3주차

항목	세부내용	평가점수	수정사항

＊ 비고란

＊ 4주차

항목	세부내용	평가점수	수정사항

＊ 비고란

＊ 지난 4주의 발자취

ENTP

크리에이티브

ENTP 성격 콘셉트

만능 아이디어

독창적

여러 일을 한번에

지적인 욕구

넓은 안목

호기심

적응력이 강한

충동적인

사교적인

ENTP 유형의 특징

> ENTP는
> 분산된 정보를 창조적인 관점으로
> 재조합하는데 뛰어난 유형이다.

넓은 안목으로 어떤 주제나 일에 대한 흐름을 파악해 독창적으로 새로운 것을 조합해 낸다. 이렇게 창조적인 에너지를 내는 직업은 시간적인 여유를 요구한다. 빡빡한 업무 과정 중에서 창의성까지 발휘하는 것은 불가능하기 때문이다. 이러한 이유로 ENTP는 여유 있는 직업을 선호하는 경향이 있다. 짜여 있지 않은 자유로운 환경은 ENTP의 창의력을 발휘하기에 좋다. 또한, ENTP는 에너지도 높아 사람들과 섞여서 재미와 흥분을 주는 일을 선호한다. ENTP 캐릭터는 정보를 재조합하는 기자나 컨설턴트의 이미지로 그렸다.

※ 좋고 나쁜 성격은 없다. 이 설명은 해당 유형의 특징이며, 장단점을 의미하는 것이 아님을 참고하자!

강점

넓은 안목을 가진 ENTP의 박식함과 열정은 따라오기 힘들다. 타고난 호기심이 높아 관심 분야가 다양하고 새로운 정보를 습득하는 기술이 뛰어나다. 이런 특성은 반복적인 일보다 독창적으로 문제해결하는 업무를 선호한다. 지적인 호기심이 특출하면서도 의사소통 능력이 탁월하고 상대방의 의중을 파악하는 통찰력을 가진다. 사교성이 뛰어나 사람을 대하는 일에서도 강점을 보인다.

약점

다양한 방면에 관심이 있는 ENTP는 반복적이거나 틀에 박힌 업무를 견디기 힘들어한다. 숲을 보는 통찰력을 가졌으나, 세심한 것을 놓치는 경우가 있어 주의가 필요하다. 간혹 한 가지 일을 마무리하지 않은 상태에서 또 다른 일을 벌이는 경향이 있어 일을 마무리하기 힘든 예도 있다. 전체를 보는 안목과 여러 가지 일을 한 번에 처리하는 열정은 그렇지 못한 사람을 견디지 못하는 약점을 가지게 한다.

ENTP가 적응하기 쉬운 직업

> **창의적인 아이디어가 필요한 크리에이티브 디렉터, 홍보 전문가, 시장 분석가**
> **통찰력을 이용한 기획과 개발이 필요한 전략 기획자, 투자 브로커**
> **동향과 여론의 흐름을 보는 정치인, 평론가**
> **사람에 대한 통찰이 필요한 운동부 코치, 범죄학자, 심리학자**

이 외에
기존 지식을 바탕으로 새로운 결과물을 도출하는 출판 편집자, 프로젝트 개발자, 물류 관리 컨설턴트, 시스템 개발자 등의 직업에서 탁월한 적응력을 보인다.

위와 같이
다양한 분야를 분석하고 그에 대한 정보를 조직화해 새로운 결론을 내는 다양한 업무에서 두각을 나타낸다.

※ 모든 성격유형은 모든 직업에 어울린다. 해당 유형의 특징과 장단점으로 적응하기 더 쉽거나 선호하는 직업을 나열한 것이니 참고하자!

ENTP 유튜브에 적용 가능한 능력

※ 모든 성격의 특징은 유튜브 콘셉트에 적용할 수 있다. 위 내용을 참고해서 유튜브 콘텐츠를 만들 때 항목을 추가하거나 삭제하자!

ENTP 유튜브 콘셉트 예시

디바제시카DeevaJessica @deevajessica

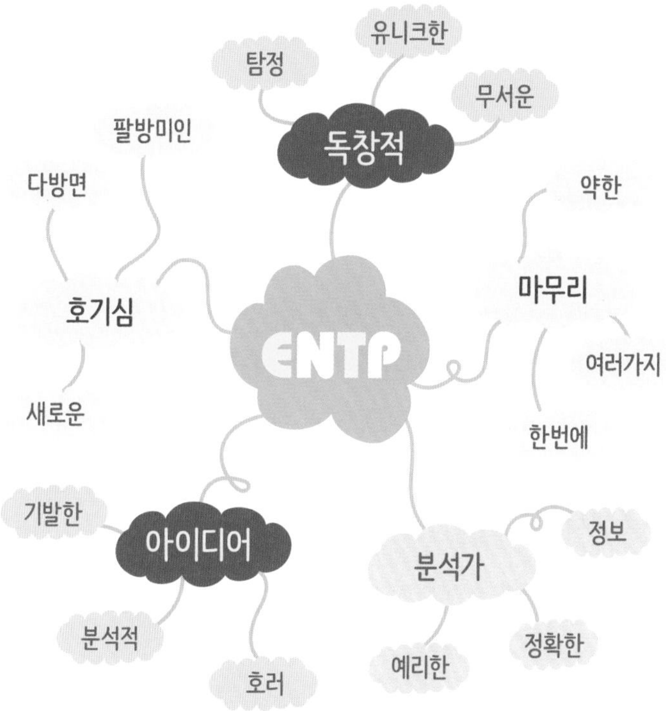

※ MBTI 유형별 성향 중 일부 특성으로 예시 유튜브 채널을 선정했다. 해당 채널을 시청하며 유튜버의 콘셉트와 특성만 간단히 살펴보자! 예시로 든 유튜버가 해당 MBTI 유형이 아닐 수도 있으니 참고하자!

《디바 제시카》는 유튜버 중에서도 독특한 콘셉트로 무서운(살인, 납치 등) 사건을 다룬다. 보통 이런 사건을 유튜버 영상으로 만들면 자막이나 목소리만 사용한다. 그러나 《디바 제시카》는 유튜버가 화면에 나와 해당 사건을 관찰자 시점에서 실감 나게 전달한다.

탐정 콘셉트

유튜버는 탐정처럼 꾸미고 나온다. 사건마다 다르지만, 뿔테안경을 쓰고 가죽 재킷을 입은 유튜버는 탐정 같은 세심하고 날카로운 느낌이 들게 한다. 영상의 배경 화면은 탐정 사무실처럼 꾸몄다. 철제로 된 캐비닛과 서류함은 경찰 이미지도 느껴진다. 이런 탐정 콘셉트는 다루는 사건에 따라 다르게 설정한다. 디즈니 사건에 대한 영상에서는 검은 긴 생머리에 검은 정장을 입어 프란체스카의 이미지를 떠올리게 했다. 사건에 따라 다르게 꾸미는 유튜버의 외모와 배경 화면도 완벽하다. 무섭거나 섬뜩한 음악이 공포심을 한층 더한다.

연기력

사건에 대한 정보는 얻을 수 있지만, 사건 현장에서의 분위기나 범인의 대화 뉘앙스는 알 수 없다. 디바 제시카는 최대한 감정을 넣지 않은 대화체로 실제의 사건 현장에서 나눈 대화처럼 대사를 읊는다. 연기력이 상당히 자연스럽게 느껴질 정도이다. 이런 대화체의 설명은 사건을 더 사실적으로 느끼게 하고 영상에 집중하게 만든다.

날카로운

《디바 제시카》 채널의 다른 특성을 뒤로하고도 사건에 대해 다양한 측면에서 날카로운 해석과 지적은 이 채널을 구독하게 만든다. 어쩌면 이것이 ENTP의 가장 큰 특성일 수 있다. 사건에 대해 전달한 후에 자기 해석을 추가하는 데 논리적이며 핵심을 찌른다. 크리에이티브다운 유튜브 채널이다.

디바제시카DeevaJessica @deevajessica

ENTP를 위한 조언

"당신의 예리한 판단력을
보여주세요!"

일반적인 정보와 데이터를 통합해서 재해석하는 ENTP의 능력은 특별하다. 데이터를 새로운 방식으로 나열할 줄 아는 ENTP의 눈에 보이는 것이 다른 유형에게는 보이지 않는 정보이다.

예리한 판단으로 보이는 정보를 새롭게 스토리텔링 해서 유튜브에 오픈하자! 시청자들이 당신의 새로운 결과물에 긍정적인 호기심을 보일 것이다.

ENTP

유튜브 콘텐츠 실습 노트

ENTP인 나의 성격 적어보기

* 나의 강점 :

* 나의 약점 :

* 관심 있는 주제 :

* 참고할 만한 유튜버 :

* 나만의 콘셉트(형용사) 적어보기

ENTP

ENTP 유튜버 성장 일기 예시

-앞에서 살펴본 ENTP의 강점, 약점, 유튜브에 적용가능한 능력을 예시로 왼쪽의 내 성격 특성과 유튜브 채널 콘셉트를 형용사로 적어보자. 아래 예시를 보고 유튜브 채널의 평가표와 비고란, 그래프를 채워보자.

*** ENTP만의 평가표** 샘플

항목	세부내용	평가점수	수정사항
독창적	캐릭터가 독창적인지	자신만의 기준으로 점수 매기기	추가 항목이나 삭제 항목 등 콘셉트 수정사항 적어보기
아이디어	분석 방법은 새로운지		
호기심	주제가 기발한지		
조회수	시청자 조회수		

*** 비고란**

이번 주에 좋았던 반응이나 기억에 남는 독자 의견, 영상을 만들면서 어려웠던 점이나 다음부터 참고할 사항 등을 정리하자. 비고란의 글은 나만의 마인드맵이 될 수 있다. 일기처럼 적어보자!

*** 지난 4주의 발자취**

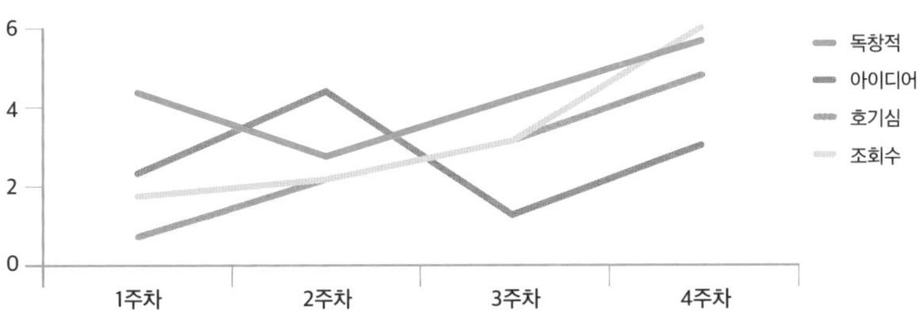

ENTP의 주의사항 같은 주제로도 독특한 콘셉트를 만드는 능력을 보여주세요!

ENTP 유튜버 성장 일기

* 1주차

항목	세부내용	평가점수	수정사항

* 비고란

* 2주차

항목	세부내용	평가점수	수정사항

* 비고란

* 3주차

항목	세부내용	평가점수	수정사항

* 비고란

* 4주차

항목	세부내용	평가점수	수정사항

* 비고란

* 지난 4주의 발자취

INTP

아웃사이더 탐정

INTP 성격 콘셉트

고도의 복잡한 이론

독립적

많은 정보 종합

창의적인

아이디어

자신감

아웃사이더

분석적인

객관적인

INTP 유형의 특징

> INTP는
> 정밀하면서
> 분석적인 성향의 유형이다.

논리가 분석되어야 느낌과 감정이 연결되는 유형으로 매우 논리적이지만 다양성에 대한 변화의 가능성에도 열려 있다. 아이디어가 많으면서도 자기만의 가치관이 확고해 돈키호테와 아인슈타인을 합친 동키슈타인이라고 불리기도 한다. 최근 《나 혼자 산다》 프로그램에 김대호 아나운서가 출연해 전형적인 INTP의 생활을 오픈해 대중의 높은 관심을 받았다. INTP는 말 그대로 독특하다. 취미나 가치관, 생활방식 등 모두 평범하지 않다는 데 초점이 있다. 그러면서도 자연이나 우주에 대한 호기심이 있으며 관심이 높다. 이러한 성향의 INTP 캐릭터는 사건을 자신만의 시각으로 논리적으로 살피는 탐정 캐릭터로 그렸다.

※ 좋고 나쁜 성격은 없다. 이 설명은 해당 유형의 특징이며, 장단점을 의미하는 것이 아님을 참고하자!

강점

유튜브의 분야에서 INTP의 강점을 살린다면 아무래도 고도의 집중력이 필요하면서 논리적이고 분석적인 내용을 다루는 것이 적합할 것으로 보인다. 그러면서 다양성에 대해 열려 있는 INFP는 다방면의 정밀하고 세밀한 정보에서부터 자연과 우주를 다루는 주제까지 광범위하게 다루어도 좋다. 이들은 아이디어 뱅크로 정교하면서 세밀하게 주제를 다루는 콘셉트로 채널을 운영한다면 자신만의 세계를 펼치는 데 적절할 것이다.

약점

아이디어 뱅크이지만 자신만의 세계가 확고해 아웃사이더의 경향이 있다. 이런 이유로 사람들과의 교감을 나누거나 공감이 필요한 콘셉트의 채널은 적당하지 않다. 또한 사람들과 함께하는 팀 프로젝트보다 혼자 진행하는 것을 추천한다. 어떠한 결정을 내릴 때 충분한 시간을 갖고 생각하기 때문에 다른 유형에 비해 실행력이 부족할 수 있다.

INTP가 적응하기 쉬운 직업

시스템의 오류를 잡아내는 소프트웨어 개발자, 컴퓨터 프로그래머
제품의 특성을 시장에 접목하는 안목이 필요한 신규 시장이나 제품 개념화 전문가
추론 능력과 기술이 필요한 신경과학자, 외과 의사의 의학 분야나 미생물학자, 물리학자의 학자 분야
냉철한 분석과 정밀한 정보가 필요한 블로거, 칼럼니스트, 비평가, 해설자
전체를 보고 편집하는 스킬이 필요한 영화 편집자, 크리에이티브 라이터
영화 감독이나 예술가, 음악가와 같은 예술 분야
번뜩이는 아이디어를 구체화하는 발명가

이 외에
연예인과 무용수, 수학자나 철학자 같은 학술 분야에도 탁월한 적응력을 보인다.

위와 같이
정밀한 작업과 복잡한 이론을 다루며 혼자 하는 업무에서 두각을 나타내며 예술적인 분야의 업무에서도 두각을 나타낸다.

※ 모든 성격유형은 모든 직업에 어울린다. 해당 유형의 특징과 장·단점으로 적응하기 더 쉽거나 선호하는 직업을 나열한 것이니 참고하자!

INTP 유튜브에 적용 가능한 능력

※ 모든 성격의 특징은 유튜브 콘셉트에 적용할 수 있다. 위 내용을 참고해서 유튜브 콘텐츠를 만들 때 항목을 추가하거나 삭제하자!

INTP 유튜브 콘셉트 예시

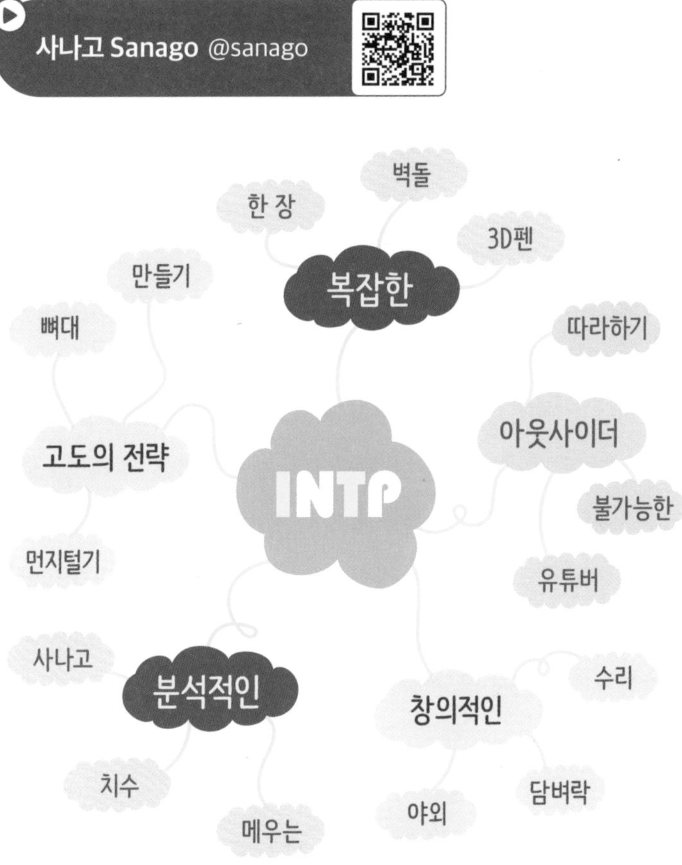

※ MBTI 유형별 성향의 일부 특성으로 예시 유튜브 채널을 선정했다. 해당 채널을 시청하며 유튜버의 콘셉트와 특성만 간단히 살펴보자! 예시로 든 유튜버가 해당 MBTI 유형이 아닐 수도 있으니 참고하자!

아이디어 뱅크인 INTP에게 한 가지 주제에 한정된 채널은 답답할 수 있다. 갖가지 아이디어를 실행할 수 있는 3D 펜의 장인 《사나고》를 소개한다. 《사나고》는 이 책을 읽는 대부분의 독자가 아는 유튜버라 생각한다. 3D 펜이라 INTP 유튜버로 선택한 것은 아니다. 그럼, 《사나고》의 어떤 점이 INTP 특성인지 살펴보자!

아웃사이더

그의 채널에는 독특한 스토리텔링이 3D 펜과 함께 공유한다. 예를 들면 3D 펜으로 벽 수리하기는 집 주변의 길목에 부서진 시멘트벽을 3D 펜으로 수리하는 영상이다. 열심히 수리하고 며칠 뒤에 가보니 부서졌다. 3D 펜으로 달리는 자동차를 며칠 동안 만들고 눈밭에서 달리다가 망가진다. 사고가 독특한데 재밌고 웃기다. 그래서 만드는 과정이 힘들어 보이지 않고 재밌다.

사나고 Sanago @sanago

아이디어 뱅크인 INTP에게 한 가지 주제에 한정된 채널은 답답할 수 있다. 갖가지 아이디어가 가능한 스톱모션을 하나 더 소개하겠다. 스톱모션은 우연한 카메라 오작동으로 발견된 촬영기법으로 프레임과

프레임 사이에 피사체의 동작을 변화시킴으로써 최종적인 이미지가 다른 대상으로 갑자기 변화하거나 움직이는 효과를 내는 시각효과를 의미한다. 이것은 특수효과의 하나로 유튜브에서는 대체로 쉽게 표현할 수 있는 특수효과이기도 하다.

다양한 주제로 스톱모션을 만들지만, 음식을 만드는 영상의 조회수가 많은 《Clicker》가 있다. 구독자 46만 명으로 레고 비빔밥과 막걸리를 이용한 요리는 조회수 1,442만 회에 육박한다. 필자가 앞에서 만들어 본 스톱모션 영상이 바로 Clicker의 영상을 모방한 것이다. 레고뿐 아니라 다양한 스톱모션 영상을 보유하고 있어 다양한 주제의 스톱모션을 볼 수 있다.

한동안 유행했던 스톱모션의 세계에 전문가적인 스킬을 넣어 한층 업그레이드한 채널이 나왔다. 《I like home》 채널은 흐르는 치즈와 스테이크의 결과 육즙을 표현하고 통참치와 연어를 분해하는 과정 등 다양한 화면을 럭셔리하게 보여주어 큰 호응을 얻고 있다. 덜 익은 달걀인 오므라이스를 표현한 스톱모션 요리는 조회수 1,711만 회를 기록하고 있다.

INTP를 위한 조언

"INTP가 원하는 대로
스토리텔링 해요!"

같은 소재로 유튜브를 만들어도 INTP는 독특하게 스토리텔링이 가능하다. 이것이 INTP의 매력이다. 누군가는 4차원이라고 표현할 수도 있지만, 유튜브 시청자가 원하는 것은 평범함이 아닌 독특함이다. 이런 의미에서 INTP는 유튜버로서 좋은 자질을 하나 더 가진 셈이다. 당신의 머릿속 생각을 오픈해 보자!

INTP

유튜브 콘텐츠 실습 노트

INTP인 나의 성격 적어보기

* 나의 강점 :

* 나의 약점 :

* 관심 있는 주제 :

* 참고할 만한 유튜버 :

* 나만의 콘셉트(형용사) 적어보기

INTP 유튜버 성장 일기 예시

-앞에서 살펴본 INTP의 강점, 약점, 유튜브에 적용가능한 능력을 예시로 왼쪽의 내 성격 특성과 유튜브 채널 콘셉트를 형용사로 적어보자. 아래 예시를 보고 유튜브 채널의 평가표와 비고란, 그래프를 채워보자.

* INTP만의 평가표 샘플

항목	세부내용	평가점수	수정사항
아웃사이더	독특한 스토리인지	자신만의 기준으로 점수 매기기	추가 항목이나 삭제 항목 등 콘셉트 수정사항 적어보기
고도의 전략	결과물은 어떠한지		
실수	실수한 스토리도 넣었는지		
조회수	시청자 조회수		

* 비고란

이번 주에 좋았던 반응이나 기억에 남는 독자 의견, 영상을 만들면서 어려웠던 점이나 다음부터 참고할 사항 등을 정리하자. 비고란의 글은 나만의 마인드맵이 될 수 있다. 일기처럼 적어보자!

* 지난 4주의 발자취

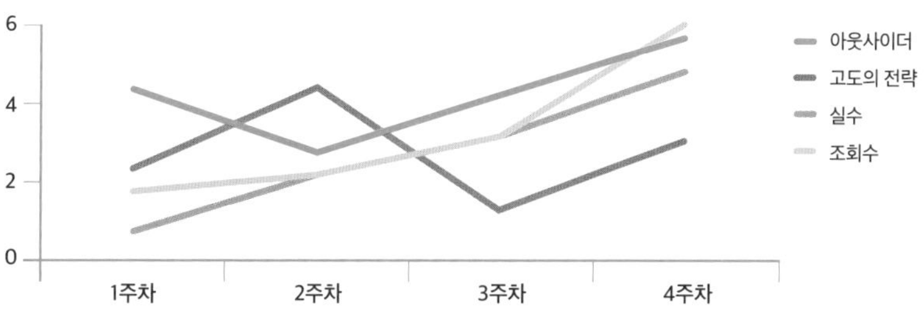

* INTP의 주의사항 당신의 독특한 생각을 시청자는 좋아해요!

INTP 유튜버 성장 일기

* 1주차

항목	세부내용	평가점수	수정사항

* 비고란

* 2주차

항목	세부내용	평가점수	수정사항

* 비고란

✳ 3주차

항목	세부내용	평가점수	수정사항

✳ 비고란

✳ 4주차

항목	세부내용	평가점수	수정사항

✳ 비고란

✳ 지난 4주의 발자취

MBTI 유형별
유튜브 콘텐츠 컨설턴트

커리어북스 직업 시리즈 03

초판 1쇄 발행 2023년 5월 23일

지은이 윤서영
펴낸이 윤서영
펴낸곳 커리어북스
디자인 지완 디자이너
편집 김정연
인쇄 예림인쇄
출판등록 제 2016-000071호
주소 용인시 기흥구 강남로 9, 504-251호
전화 070-8116-8867
팩스 070-4850-8006
블로그 blog.naver.com/career_books
페이스북 www.facebook.com/career_books
인스타그램 www.instagram.com/career_books
이메일 career_books@naver.com

값 17,500원
ISBN 979-11-92160-18-4 (03190)